银川海关年鉴

2022

《银川海关年鉴（2022）》编纂委员会——编著

中国海关出版社有限公司
·北京·

图书在版编目（CIP）数据

银川海关年鉴 . 2022/《银川海关年鉴（2022）》编纂委员会编著 . —北京：中国海关出版社有限公司，2023. 6

（中国海关史料丛书）

ISBN 978－7－5175－0681－2

Ⅰ. ①银…　Ⅱ. ①银…　Ⅲ. ①海关—银川—2022—年鉴　Ⅳ. ①F752. 55-54

中国国家版本馆 CIP 数据核字（2023）第 056441 号

银川海关年鉴（2022）

YINCHUAN HAIGUAN NIANJIAN（2022）

作　　者：《银川海关年鉴（2022）》编纂委员会
责任编辑：夏淑婷
助理编辑：傅　晟
出版发行：中国海关出版社有限公司
社　　址：北京市朝阳区东四环南路甲 1 号　　邮政编码：100023
编 辑 部：01065194242-7539（电话）
发 行 部：01065194221/4238/4246/5127（电话）
社办书店：01065195616（电话）
https://weidian. com/? userid=319526934（网址）
印　　刷：北京新华印刷有限公司　　经　　销：新华书店
开　　本：889mm×1194mm　1/16
印　　张：12. 75　　字　　数：240 千字
版　　次：2023 年 6 月第 1 版
印　　次：2023 年 6 月第 1 次印刷
书　　号：ISBN 978－7－5175－0681－2
定　　价：150. 00 元

《银川海关年鉴（2022）》编纂委员会

《银川海关年鉴（2022）》编辑部

编辑说明

一、《银川海关年鉴》是在海关总署领导下，由银川海关编纂出版的年度资料性文献，面向国内外公开发行，一年一卷。

二、《银川海关年鉴（2022）》以马克思列宁主义、毛泽东思想、邓小平理论、“三个代表”重要思想、科学发展观、习近平新时代中国特色社会主义思想为指导，全面记述了2021年银川海关党的建设、队伍建设、业务建设等方面的情况，系统反映了该年度银川海关各项工作取得的成就，旨在为社会各界了解银川海关提供基本的信息资料。

三、《银川海关年鉴（2022）》设特载、党的建设、业务建设、综合保障、隶属海关、直属事业单位、大事记、人物荣誉8个类目。除个别地方外，全书总体结构基本按类目、分目、条目3个层级编排，各层级所用标题、字号均有所区别。卷首图照设领导活动、业务建设2个板块。

四、《银川海关年鉴（2022）》所用稿件由银川海关机关各部门、各直属事业单位、各隶属海关提供，专人负责编辑。

五、《银川海关年鉴（2022）》行文力求严谨、朴实、简洁、流畅。语言文字、标点符号、称谓、数字数据、时间表述、计量单位、图（照）、表等的使用，均按国家相关规定、标准执行。

六、《银川海关年鉴（2022）》所使用的国民经济和社会发展相关数据以国家统计部门公布的数据为准，统计部门没有统计的，采用业务主管部门的统计数据。

七、《银川海关年鉴（2022）》资料收录时限为2021年1月1日至12月31日。

前言

1997年10月21日，海关总署（以下简称“总署”）同意银川海关开关，正式对外办理海关业务，原兰州海关驻银川办事处撤销。银川海关为总署直属机构，是受总署直接领导的正厅级直属海关，于2019年顺利完成机构改革各项任务。业务辖区范围为宁夏回族自治区（以下简称“自治区”）全境，承担关区征税、监管、缉私、出入境检验检疫、统计等工作职责，关区共有空港口岸1个（银川航空口岸）。银川海关内设正处级机构13个，下设正处级隶属海关4个，所属事业单位4个。

2021年，银川海关以习近平新时代中国特色社会主义思想为根本遵循，统筹口岸疫情防控和促进外贸稳增长，推动各项事业发展，在践行“两个维护”上取得了新提升，实现了“十四五”良好开局。把学习贯彻习近平新时代中国特色社会主义思想作为首要政治任务，严格落实“第一议题”制度。注重提高“第一议题”质量，突出督办检查，建立健全各类任务督办台账，扎实开展例会议定事项后续督办，推动党中央重大决策部署及总署党委工作要求有效落实。银川海关党委中心组集中学习20次，班子成员研讨交流发言38人次，围绕习近平总书记在党的十九届六中全会、庆祝中国共产党成立100周年大会、党史学习教育动员大会上等发表的重要讲话精神，举办专题学习班组织干部职工深入学习贯彻。坚决守好意识形态阵地，逐级签订意识形态责任书，持续深化马克思主义民族观教育。先后组织修订《中共银川海关委员会工作规则》及党委议事清单、《银川海关贯彻落实“三重一大”决策制度实施办法》，着力提升党委工作的规范性。银川海关机关被评为区直机关首批模范机关达标单位。根据总署党委巡视工作统一部署，2021年4月6日至5月20日，总署党委第十一巡视组对银川海关党委开展了常规巡视，并于7月29日向银川海关党委反馈了巡视意见。银川海关党委对巡视反馈意见诚恳接受，切实把巡视整改作为重要政治任务抓紧抓实。对照巡视反馈指出的问题，制定93项整改措施，2021年度已销号85项问题，尚有8项均为2022年初计划完成或长期坚持的整改措施，都在按照时限进度积极有序推进。

目　录

第四篇　综合保障

第五篇　隶属海关

第六篇　直属事业单位

第七篇　大事记

第八篇　人物荣誉

“中国海关史料丛书” 编委会

海关专题图片

领导活动

◀2021 年 9 月 15 日，关党委书记、关长刘世远（前排右二）前往中宁县，就支持对口帮扶点乡村振兴战略实施，促进中宁县特色优势产业和外向型经济发展等开展调研

2021 年 12 月 16 日，关长刘世远（左二）在银川综合保税区跨境电商 O2O 体验店调研并指导工作 ▶

2021 年 4 月 19 日，副关长张大平（右排左三）调研银川河东机场海关“现场监管与外勤执法权力寻租”专项整治工作推进情况 ▶

◀ 2021 年 3 月 10 日，关党委委员、缉私局局长颜宏伟（右一）就落实公安部关于缉私警察党组织关系划转为公安厅机关党委开展党建工作调研

2021 年 10 月 9 日，政治部主任杨向宇（左二）调研中卫海关 ▶

◀2021 年 5 月 28 日，副关长祁云海（二排左四）以普通党员身份参加办公室、法规处、企管处、督审处党支部联合主题党日活动

2021 年 4 月 28 日，党委纪检组组长杨海（左二）结合党史学习教育和“现场监管与外勤执法权力寻租”专项整治工作要求，实地走访调研 ▶

◀2021 年 5 月 25 日，副关长常林（左二）赴中卫海关辖区重点企业开展“现场监管与外勤执法权力寻租”专项整治工作和“我为群众办实事”专题调研

业务建设

◀ 2021 年 4 月，银川海关深入开展“知识产权宣传周”活动

2021 年 4 月 23 日，区直机关工委相关负责人向银川海关颁发了“创建‘让党中央放心、让人民群众满意’模范机关达标单位”的荣誉牌 ▶

◀ 2021年10月11日，银川海关前往固原市原州区瑞丰合作社蔬菜种植基地开展出口食品原料种植场核查

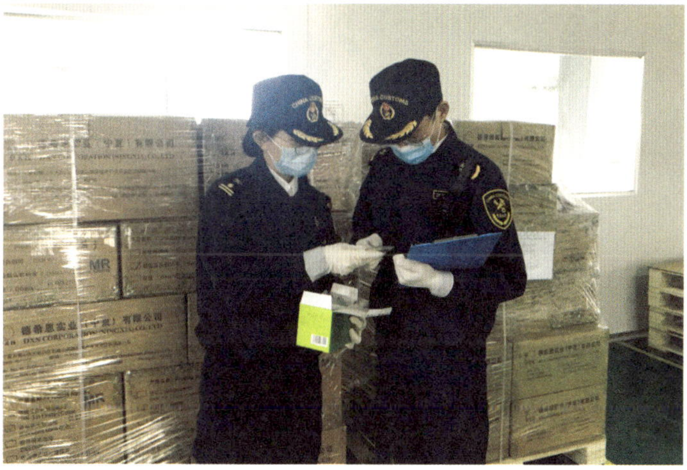

2021年11月2日，宁夏首次出口猴头菇柠檬抹茶，银川海关为确保货物顺利通关，严把出口食品质量安全关 ▶

◀ 2021年，宁夏葡萄酒出口再创新高，银川海关助推优势产业出口提质增效

第一篇

特载

银川海关概况

1997 年 10 月 21 日，总署同意银川海关开关，正式对外办理海关业务，原兰州海关驻银川办事处撤销。银川海关为总署直属机构，是受总署直接领导的正厅级直属海关，于 2019 年顺利完成机构改革各项任务。业务管辖范围为自治区全境，承担关区征税、监管、缉私、出入境检验检疫、统计等工作职责，关区共有空港口岸 1 个（银川航空口岸）。银川海关内设正处级机构 13 个，下设正处级隶属海关 4 个，所属事业单位 4 个，行政编制共 188 名，事业编制共 40 名，行政编制在职人员 178 人，事业编制在职人员 31 人。银川海关缉私局现有干警 22 名。

2021 年，银川海关以习近平新时代中国特色社会主义思想为根本遵循，统筹口岸疫情防控和促进外贸稳增长，推动各项事业发展，在践行“两个维护”上取得了新提升，实现了“十四五”良好开局。把学习贯彻习近平新时代中国特色社会主义思想作为首要政治任务，严格落实“第一议题”制度。注重提高“第一议题”质量，突出督办检查，建立健全各类任务督办台账，扎实开展例会议定事项后续督办，推动党中央重大决策部署及总署党委工作要求有效落实。银川海关党委中心组集中学习 20 次，班子成员研讨交流发言 38 人次，围绕习近平总书记在党的十九届六中全会、庆祝中国共产党成立 100 周年大会、党史学习教育动员大会上等发表的重要讲话精神，举办专题学习班组织干部职工深入学习贯彻。坚决守好意识形态阵地，逐级签订意识形态责任书，持续深化马克思主义民族观教育。先后组织修订《中共银川海关委员会工作规则》及党委议事清单、《银川海关贯彻落实“三重一大”决策制度实施办法》，着力提升党委工作的规范性。银川海关机关被评为区直机关首批模范机关达标单位。

一、政治建设

（一）党的建设。

银川海关通过党委会、党史学习教育领导小组会等形式，深化组织领导，定期听取汇报、研究工作。银川海关党委班子成员累计到所在支部、分管部门或联系单位调研指导党史学习教育30余次，通过讲党课、作宣讲，启发干部职工“办实事、开新局”的思路。两级党委均制定了“我为群众办实事”实践活动重点民生项目清单，其中银川海关党委清单共涉及15个重点项目、50条具体措施。聚焦“三项工程”，扎扎实实解决一批群众最急最忧最盼的问题，“多措并举破解枸杞出口壁垒”的做法入选全国海关“我为群众办实事‘百佳项目’”。

银川海关落实两级党委全面从严治党清单。银川海关关党委专题听取党委委员落实主体责任情况汇报，开展隶属海关党委书记述责述廉述党建并对隶属海关党委落实全面从严治党主体责任情况进行监督检查，督导“关键少数”，履行好主体责任。指导银川海关机关纪委进一步健全完善工作制度，定期研究安排相关工作，充分发挥其应有的作用。组织制定运用监督执纪“第一种形态”实施细则，对审批程序、组织实施等环节进行细化，指导隶属海关党委和党的部门常态化运用监督执纪“第一种形态”。把加强对“一把手”和领导班子监督的措施分解为64项任务，清单式推进工作落实。全年共对关区8个党组织开展了巡察，巡察全覆盖完成率达到100%，发现各类问题75个，为推动关区全面从严治党工作提供了有力支撑。

银川海关树立大抓基层的导向，开展关区基层党建品牌评选和交流展示活动，以点带面深入推动党建品牌创建，扩大带动示范效应。在入境包机检疫查验、党员干部下沉社区等工作中，注重发挥支部战斗堡垒作用，让党旗在抗“疫”一线高高飘扬。强化关区事业单位党的建设，做到党建与业务同谋划、同推进、同落实。持续深化精神文明创建，常态化开展“爱国卫生日”、文明交通、社区帮扶等志愿服务活动，继续保持全国文明单位荣誉，获评自治区精神文明建设工作先进集体、自治区无烟党政机关。

银川海关推动“现场监管与外勤执法权力寻租”专项整治与正风肃纪反腐综合治理贯通协同，全面起底问题线索，研究制定整改措施24项，督促制修订制度9项。开展警示教育周活动，用身边事教育身边人。制定业务部门、隶属海关“三个清单”，拓展深化“制度+科技”反腐应用，推动专项整治成果长效化。持续做好疫情防控专项监督，多措并举深化违规吃喝隐形变异问题专项整治，坚决杜绝酒驾醉驾。全年开展署级关级督察项目6个，发现整改各类审计问题22个，充分发挥内控监督预警作用。

银川海关将党委全面从严治党任务细化8项81条，层层明晰、逐级压紧。制定加强对“一把手”和领导班子监督的任务清单，把监督措施分解为64项任务，清单式推进落实。印发运用监督执纪“第一种形态”实施细则，完善问责工作制度规范。银川海关着力加强班子自身建设，修订完善贯彻落实“三重一大”决策制度实施办法和党委议事清单。逐级签订意识形态责任书，坚决铸牢中华民族共同体意识。持续深化“强基提质工程”，对关区符合条件的基层党组织重新调整设立，举办支部品牌经验交流会，每半年开展支部“互观互检”，支部“设在科上”正在向“强在科上”转变，3个党支部顺利通过总署党建示范品牌和培育品牌复审。充分发挥党员先锋模范作用，党旗在口岸疫情防控、下沉社区志愿服务、乡村振兴的一线高高飘扬。

（二）队伍建设。

银川海关对领导干部队伍按照不同职务层级，从年龄、学历、工作资历等多个角度进行全面分析，形成对不同层级、不同类别干部结构动态掌握，做好中长期干部培养和使用规划，强化领导干部队伍建设工作的系统性和规划性，同时学习、利用“五看”“十问”等方式，考准考实干部政治表现，探索通过对政治理论学习，履行职责、完成重大任务以及日常工作生活多层面纪实、评价等方式，识别干部政治忠诚、政治担当、政治能力、政治自律等，建立“政治素质表现档案”，形成能够切实反映干部政治素质表现的体系架构，为选准选优配强领导干部提供有力依据。

银川海关成立党委人才工作领导小组，不断完善人才培养、评价、流动和激励等机制。银川海关2021年共选拔任用处科级领导干部6批次25人，配齐了关区全部执法一线科长。落实专业技术类公务员职务与职级并行制度。综合运用三类考核，及时对表现突出的12个集体和78人进行表彰奖励。分级分类组织开展全员四大模块培训，队伍能力素质进一步提升。优化隶属海关班子配备，评选推荐2名“优秀执法一线科长”。开展2批次26名干部职级晋升，交流处科级领导干部26人。建立科级以下青年人才库，填补了关区30岁以下执法一线科长空缺。加强专业技术岗位人才队伍建设，落实专业技术类公务员职务与职级并行制度。

银川海关发挥“青”字号志愿服务主题活动优秀项目品牌带动作用，开展“青春心向党·建功新时代”主题宣教实践活动，“青年文明号”单位银川河东机场海关旅检三科以“青春心向党 奋进一百年”为主题，走进贺兰县第一小学，为3,000余名师生讲解海关职责和国门生物安全知识，为学校捐赠科普读物、童话故事、学习文具等200余件。注重往届“青年文明号”科室巩固，加大新“青年文明号”科室培育培养。2021年9月，兴庆海关业务一科获批“全国青年文明号”荣誉称号，切实把“青字号”品牌做大做强。积极参与区直机关工委“在党旗引领下——我身边的战‘疫’模范”事迹宣讲会，推介海关战“疫”故事，发现身边典型，培育身边榜样，弘扬清风正气。

2021年，银川海关相继被评为宁夏回族自治区精神文明建设工作先进集体、首批区直模范机关达标单位、自治区首批无烟党政机关，机关党委由三星级直接跃升至五星级（党组织星级评定最高等级）；1个科室获评“全国青年文明号”，1名驻村扶贫队员被表彰为自治区脱贫攻坚先进个人，2名同志和1个党支部获评自治区区直机关“两优一先”表彰。在自治区模范机关观摩交流会，银川海关作为首批模范机关达标单位、唯一中央驻宁单位进行了大会现场交流发言，持续提升海关的社会形象。

二、业务建设

（一）企业管理和稽查。

银川海关取消报关企业注册登记和进出口商品检验鉴定业务行政审批事项，将报关单位备案全面纳入“多证合一”改革。加强企业信用培育，指导关区4家企业通过高级认证。银川海关就银川综合保税区高质量发展和绩效评估事项多次专题向自治区建言献策，邀请海关专家进行政策解读。加快推进稽查业务改革，迅速开展不经事先通知的专项稽查作业。首次开展涉检稽查作业2起，并查发1起。开展进口固体废物加工企业专项稽查行动。清理海关备案僵尸企业230家。全年办理核查作业316起、同比增长76.54%，查发188起、同比增长80.77%。每季度常态化开展安全生产检查，督促企业规范运营。

（二）特殊区域管理。

积极复制推广跨境电商B2B（企业对企业）出口监管试点，完成2家跨境电商场所审批和2个海外仓备案，跨境电商网购保税业务顺利开展。全年银川综合保税区进出口总值45.1亿元，同比增长6.7倍，高于全国综合保税区平均增幅。增值税一般纳税人资格试点政策初显成效，综合保税区6家企业获试点资格；简化进出区、便利货物流转等政策惠及企业36家，大幅减少了企业的通关成本、时间成本和运行成本，提升了海关监管效能，助力综合保税区发展。主动配合开展2020年度综合保税区绩效评估工作，为自治区商务厅提供绩效考核政策解读服务，敦促自治区商务厅、银川综合保税区管委会及时提交资料、完善内容，多次与总署自贸区和特殊区域发展司沟通对接，跟进评估进展、跟踪评估结果。

（三）进出口商品检验。

完成进口危险化学品、进口旧机电、棉花、医疗器械、食品加工设备以及入境验证7类产品统计分析工作并报送总署，对其余31种未发生业务的产品进行了零报告。报送进口棉花检验监管模式改革成效，征集报送了隶属海关检验监管过程中发现的不合格案例2例。

（四）新冠肺炎疫情防控。

银川海关统筹推进常态化口岸疫情防控，强化“人、物、环境同防”，根据疫情变化及时制修订各类防控预案方案和操作指引。严格规范入境客运航空器终末消毒监督工作。督促各监管场所运营企业落实疫情防控责任。严格疫情内部防控管理，不折不扣落实集中封闭管理要求。成立常态化疫情防控专项督查工作和安全防护工作领导小组，每月开展自查，每季度全面督查检查。全年共检疫监管出入境包机2架次、出入境人员408人。口岸移动方舱PCR实验室获得核酸检测资质。全年共开展口岸“人、物、环境同防”监控检查238次，整改问题29个，坚决把规定动作做到位，把好外防输入关。

（五）动植物检疫。

2021年，银川海关强化动植物疫情疫病防控，严密防范非洲猪瘟、高致病性禽流感、牛结节性皮肤病等重大疫情疫病传入。组织开展检疫性实蝇、红火蚁、外来杂草等口岸外来有害生物和供港活牛疫情疫病监测工作，全年监管供港活牛726头、货值1,698.41万元，同比分别增长51%和58%。指导关区首家进境种牛隔离检疫场通过总署考核，1家进境种鸡隔离场获得隔离场使用证。加强进境粮食监管，密切与口岸海关的协调配合，全年调运进口加拿大和哈萨克斯坦小麦10,095吨。开展进口紫苜蓿、玉米、向日葵和蔬菜等种子调入审核7批次、43吨。完成关区首次进口500吨美国苜蓿草风险评估和查验工作。

（六）查缉走私。

2021年，银川海关破获了关区近年来最大的一起象牙及其制品走私案件，查获亚洲象幼象象牙2根、象牙制品56件，共计1.11千克。深入开展“国门利剑”等专项行动，全年刑事案件立案数同比增长200%。研判全国涉枪行动性线索320条，同比增长533%，枪支查获数量同比增长248%。派员参与并成功侦破关区近年来最大一起出口骗税案件，案值约15亿元，该案得到了四部委打击虚开骗税领导小组办公室的肯定。

（七）执法评估。

银川海关秉持“小关也要大作为”的理念，在2021年署级执法评估项目中积极作为。全年银川海关积极参与天津特派办牵头的海关进出口食品安全监管情况专题评估署级评估工作，按照项目分工，以“问卷调查+大数据分析”方式完成全国问卷调查工作。问卷调查工作全面了解基层海关进出口食品安全监管的实际工作做法和进出口食品企业的真实感受，找实了海关在食品安全监管工作中存在的5个问题和风险。银川海关负责的问卷分析报告与总体评估报告一起上报后受到多位署领导批示，天津特派办专门来函表扬银川海关在署级评估工作中的优秀表现。

（八）督察内审。

2021年，银川海关配合完成总署专项审计（调研）2个，开展关级经济责任审计项目2个，发现问题22个；开展署级重大决策措施落实情况跟踪督察项目2个，关级督察项目4个；开展内控前置审核复核工作13项，提出并采纳修改建议19条。

（九）税收征管。

2021年，银川海关强化税收征管水

平，全年累计税收入库2.29亿元，超额完成全年2.1亿元税收入库目标；参与税政调研工作，全年共向总署关税监管司报送4条调整建议，被国务院关税税则委员会采纳并调降税率2条；推进属地纳税人管理，完成30家重点税源企业、6家报关企业底账设立，4家“双特”企业台账设立；完善税收风险防控制度，进一步提升非贸税收征管管理效能，全年B类快件征税率11.27%；大力宣传介绍《区域全面经济伙伴关系协定》（RCEP），全年签发原产地证书5,994份，签证金额9.97亿美元。积极推广关税保证保险，担保税款3,597.5万元。落实国家税收优惠政策，为企业减免税款3,494.95万元。

（十）统计分析。

加大业务统计系统数据检控、审核、报送工作，积极参与总署月报数据核查专项任务，全年未出现数据报送延迟、缺漏、差错等情况。强化业务统计指标监控，对关区业务运行情况进行监控评估。2021年关区监管货运总值6.3亿美元，同比增长102.3%；监管货运量10.9万吨。宁夏贸易进出口总值214亿元，同比增长73.4%，增速排名全国第2位。

（十一）口岸监管。

银川海关开展打击跨境电商进口走私“断链刨根”专项整治行动，全年监管国际快件9.42万件，货值2,810.38万元，查获禁止入境类物品3批次，首次在快件渠道查获花粉。加强监管智能化应用，印发《银川海关智能审图推广应用工作方案》，智能审图应用比例提升至87.4%。安全准入查获中，风险布控占比60%。

（十二）法治建设。

银川海关制订印发了《“十四五”法治建设规划》《银川海关第八个五年（2021—2025年）时期法治宣传教育工作实施方案》。实施常态化制度“立改废”，全年制修订制度16项，废止制度5项。深化“三项制度”建设成效，有效规范了行政执法行为。深入推进“谁执法谁普法”责任制落实，制定两级普法责任清单，法治宣传的针对性和实效性进一步增强。

（十三）科技管理。

银川海关完成中国海关办公平台HB2012“海关政务公开管理系统”“认证、授权、账号、审计”（H4A）系统托管上云和邮件系统国产化上云试点，信息系统运行稳定，国产化替代工作稳步推进，科技应用保障作用有效发挥。宁夏国际旅行卫生保健中心（以下简称“保健中心”）全年开展体检7,893人次，新冠病毒核酸检测23.3万人次，预防接种3,282人次，成功申请2022年度国家卫健委临床检验中心室间质评计划。银川海关综合技术中心当前通过CNAS（中国合格评定国家认可委员会）和CMA（检验检测资质认定）认可项目达5,150项，被农业农村部评定为“全国名特优新农产品营养品质评价鉴定技术机构”。中国电子口岸数据中心银川分中心（以下简称“银川数据分中心”）“云验收”助力“关银一KEY通”代理口岸业务落地。

（十四）政务管理。

银川海关全面加强应急保障能力，累计调拨分发防护物资154批次、9.67万件。严格落实“过紧日子”要求，办公经费下降21.8万元，审减资金88万余元。大力推进预算执行，关区预算执行率达到99.96%。有序推进所属企业改革。与地方建立走私固体废物、冻品归口处置工作机制，严格管理并及时处理涉案财物。

银川海关多方筹措资金保障发展。与地方建立走私固体废物、冻品归口处置工作机制，严格管理并及时处置涉案财物。关区预算执行率达到99.96%。工会顺利换届改选，用心用情做好老干部工作，落实职级序列津补贴调整和新冠肺炎疫情防控临时性补助，及时传递传导组织的关心关爱。开展为期2个月的内务规范专项整治。发挥特邀监督员作用，政风行风和日常作风进一步严整。银川海关各级党组织和广大党员干部要始终牢记“从哪里来、往哪里去”这个基本命题，始终保持党同人民群众的血肉联系。加强和改进调研工作。完善银川海关党委班子加强和改进调查研究工作机制，从制度层面改进调研工作。班子成员严格落实基层联系点制度，结合各自分管领域，深入了解基层出现的新情况、新问题，适时开展调研成果交流，切实提升调研的科学性、针对性、实效性。建立健全“我为群众办实事”长效机制。

银川海关加强内外联系协调和统筹安排，圆满完成署领导来宁调研保障任务。加大信息和新闻宣传挖掘报送力度，《海关工作专报》8次得到自治区领导批示，1人获评自治区优秀信息员，47篇新闻稿件在“学习强国”、中央电视台《新闻联播》、央广网、《中国日报》等国家级媒体发布，用情用力讲好海关故事。档案管理、机要保密工作顺利通过总署和自治区各项检查验收，1人获评全国海关保密先进工作者。12360热线接通率为98.4%，高于全国海关平均水平，按期完成与宁夏12345热线电话归并，进一步拓宽海关热线服务平台渠道。

银川海关持续整治形式主义突出问题，将基层减负作为重点，创新建立发文负面清单、基层业务数据报送动态监测等4项机制，对精文简会、统筹督检考核、精减基层数据报送、整治“指尖上的形式主义”等进行动态监测、定期通报、及时提醒，全年发文发函数量同比下降15%以上，基层数据报送项目缩减28%，清理取消近一半的工作群，切实破除形式主义顽瘴痼疾，增强基层的获得感。在隶属海关开展特权思想和特权现象问题等4个专项整治“回头看”。组织“公文质量提升年”活动，以小切口推动作风转变取得实际效果。以务实举措制止餐饮浪费，节水节电，厉行勤俭节约。

（十五）技术性贸易措施应对工作。

银川海关积极开展技术性贸易措施应

对，经银川海关积极反映，总署多次与欧盟交涉，2021 年 6 月，欧盟解除了对中国枸杞实施的加严检验措施，该工作被列为 2021 年自治区枸杞产业高质量发展“取得重大突破的六项工作”之一。下沉宁夏枸杞主产地，开展了约 200 个批次的质量研究和 8 万项次分析检测。深入葡萄酒和清洁能源企业开展税政调研，报送的风力发电机组用高速联轴器和酿酒用橡木桶进口税率调整建议，在总署的支持推动下，被国务院税则委员会采纳，两项税率降幅均超过 50%。持续加强本关葡萄及葡萄酒国家重点实验室建设，为葡萄酒等食品检测提供技术支撑，2021 年宁夏葡萄酒出口 5.5 万升、同比增长 145.4%，货值 642 万元、同比增长 141.9%。银川海关按照“依法检验、公正客观、结果准确、服务规范”的质量方针，坚持以提高检测质量为核心，以重点实验室建设为突破口，建立健全实验室质量管理和技术保障体系，针对重点进出口产品和检测市场的需求，深入实施检测项目攻关，拓展检测范围、提升检测效率。在食品、化妆品、饮用水、硅铁产品、动植物检疫等领域有计划、有步骤地开展了能力建设工作。2018 年以来，开展能力验证 100 余次，集中开展了十余次扩项和复评审工作。检测能力由 2017 年认可项目 2,545 项发展到 2021 年的 5,150 项，检测参数增长了一倍。技术能力覆盖枸杞、农产品、葡萄酒、商品检测鉴定、动植物检疫、食品、化妆品、水、土壤等 42 个领域。其中食品类检测能力为全关区第一，并稳居西部地区前列。

（十六）技术中心工作。

2021 年，银川海关技术中心（以下简称“技术中心”）被农业农村部评定为“全国名特优新农产品营养品质评价鉴定技术机构”，是宁夏地区唯一一家全国名特优新农产品营养品质评价鉴定技术机构。2018—2021 年，技术中心获批行业标准 4 项，完成国家重大科学仪器设备开发专项项目“食品基质中核酸预富集技术应用开发”1 项，申请发明专利 6 项。承担自治区科技攻关项目 1 项，总署应急检测技术研究项目 1 项，完成自治区技术研发项目 2 项，积极参加标准协同验证 5 项。

（十七）优质种质资源引进。

2021 年，银川海关支持引进国外优质种质资源，全程指导宁夏首家种牛进口隔离场顺利通过验收获得资质，指导关区企业首次进口 500 吨苜蓿草。加强检疫监管，顺利完成关区首次进口美国苜蓿草检疫查验工作。通过二级监控指挥中心和实地两种方式开展了外来有害生物及病媒风险监测、培训指导工作，并针对疑似有害生物进行取样鉴定，确保严格按照总署布控指令要求完成进口苜蓿草的出区检疫查验工作，为宁夏后续进口苜蓿草检疫监管工作提供了基础数据，积累了经验。

银川海关庆祝中国共产党成立100周年活动和党史学习教育

党史学习教育开展以来，银川海关党委按照总署党委的统一安排部署，在总署第四巡回指导组的指导下，始终把政治责任扛在肩上，推动关区党史学习教育扎实有序开展，取得了实实在在的成效。

一、深入推进党史学习教育，聚焦高质量抓好“我为群众办实事”落地落实

（一）以“四个坚持”深化学思践悟，增强“学”的成果。

党史学习教育基础在学，银川海关党委注重创新学习形式，以“学史·铸魂”为主题，综合运用个人自学、集中研讨、党课宣讲、现场体验、书画文章征集等多种形式，推动党史学习教育往心里走。

一是坚持原原本本学。第一时间配发必学书目和推荐书目，利用党委理论学习中心组、“三会一课”等形式积极开展《中国共产党简史》《中华人民共和国简史》《改革开放简史》《社会主义发展简史》的学习；在“银关政声”微信平台连载《中国共产党简史》和《党史百年·天天读》等350余期，要求党员领导干部先学一步、学深一步，真正把功课做足、把精神吃透，当好“政策通”“活字典”“明白人”。关区各级党组织通过“翻书检学、考测促学、以赛验学”等方式，抓好党员干部自主学习。结合“读书月”，开展了庆祝中国共产党成立100周年理论文章征集活动。各党支部通过“晨读一刻”“党课每人一讲”“党史故事小课堂”等形式，将党史学习常态化。

二是坚持示范带头学。充分发挥党委理论学习中心组示范引领作用，2021年，两级党委理论学习中心组共开展集中学习研讨49次，举办专题班和读书班45次。采取“走出去、请进来”等方式，邀请自治区宣讲团成员等专家学者为关区党员进行5次党史专题辅导，与3家驻宁单位党委（党组）开展联学交流。立足海关职能启发干部职工“办实事、开新局”的思路，班子成员主动到分管部门讲党课、做宣讲，从党的光辉历程和伟大成就中汲取奋力前行的智慧和力量。

三是坚持研讨碰撞学。把银川海关机关班子成员赴基层联系点宣讲，两级党委班子成员、各党支部书记讲党史专题党课作为规定动作，在交流中相互启发借鉴、深化思想认识、提升理论素养。围绕“学史·铸魂”主题，安排12名党支部书记和4名团支部书记通过线上线下联合的方式宣讲井冈山精神、遵义会议精神等党在不同历史时期形成的精神谱系，1名老党员（线上）、2名先进典型为全关党员进行宣讲，开展红色讲坛53次。在管理网刊发《党史学习教育简报》16期，在“银关政声”微信平台刊登相关稿件24篇，宣传推广经验做法。

四是坚持创新推动学。结合自身建设的需求，创新学习形式与方法，增强针对性和实效性。两级党委班子举办专题读书班，为领导干部集体“充电”“补钙”。面向副处级以上领导干部及执法一线科长，举办2期学习贯彻党的十九届五中全会精神暨党史学习教育轮训班。面向全体干部职工举办学习贯彻习近平总书记“七一”重要讲话精神读书班、学习贯彻党的十九届六中全会精神读书班等，突出思想引领，夯实思想根基。充分利用驻地红色资源，组织党员干部集中前往八里桥革命公墓开展现场党性教育，关区各部门（单位）就近就便开展红色教育10余次，赓续红色血脉，继承和发扬革命传统和优良作风。举办“学习党史跟党走 永葆初心再奋斗”主题演讲比赛、“学党史、唱红歌、颂党恩、永远跟党走”主题歌咏比赛等活动。组织开展两轮党史知识竞赛，并牵头承办了海关文化建设西北协作区“学党史、强信念、跟党走”党史知识竞赛活动，通过两轮党史知识竞赛，集中检验学习成果。退休老党员通过创作书画、摄影、文学作品和线上党课等方式，表达对党和海关事业的深厚感情，庄重严肃而又丰富多彩的形式，增强了入脑入心的效果。各基层党支部也围绕“学史·铸魂”的主题，开展了特色鲜明、形式多样的主题党日活动。

（二）以“三个实”深化学用转化，突出“做”的成效。

关区各级党组织自觉站稳人民立场，把“我为群众办实事”实践活动贯穿党史学习教育始终，把“学党史、悟思想”的成果转化为“办实事、开新局”的成效，在为基层、为企业、为群众办实事解难题中践行“人民海关为人民”的价值追求。

一是走访调研“实”。把深入了解“群众需要我们做什么”作为实践活动的首要任务。党委班子成员带队沉入基层、深入一线，面向地方政府、面向服务对象、面向基层干部职工，围绕便民利企、深化改革、强化监管、优化服务、巩固脱贫攻坚成果等方面，深入开展大调研、大走访。银川海关机关各部门也结合工作职责，开展调研走访，真正了解基层需求、企业关怀、群众期盼。

二是实事清单“实”。通过设置走访

调研、集体座谈、发放征求意见表、设置网络征求意见、12360海关服务热线等线上线下方式，摸清掌握群众、企业、扶贫点、基层关员的需求，累计征求各类原汁原味意见建议92条。经过集体研究，理清两级党委办哪些事、各支部办什么事，分层级列出办实事清单。两级党委均制定了“我为群众办实事”实践活动重点民生项目清单，其中银川海关党委清单共涉及15个重点项目、50条具体措施，隶属海关党委共涉及23个重点项目、69条具体措施，2021年已全部完成。

三是服务成效“实”。聚焦“三项工程”，以马上就办、真抓实干的作风，扎扎实实解决一批群众最急最忧最盼的问题，取得了阶段性实效。

在“国门安全工程”上，根据总署疫情防控工作部署，及时修订完善口岸疫情防控工作方案，继续加强与地方卫生部门联防联控机制，严格落实常态化口岸疫情防控工作措施。持续加强口岸公共卫生核心能力建设，积极协调有关方面对银川海关移动方舱实验室进行备案，所属保健中心注重提升新冠病毒核酸检测质效，在正常工作日内保证当天出具新冠病毒核酸检测结果。强化进出口危险化学品的检验监管，压紧压实责任，着力解决人员资质短板。在自治区新冠肺炎疫情防控的关键之时、吃劲之际，组织60名干部职工投身疫情防控一线，协助社区做好社区封控、新冠病毒核酸检测、卡口值守、卫生检疫等工作，圆满完成了3个社区12个封控点2,000多名居民的封控志愿服务任务，筑牢社区疫情防控安全屏障。开展“全民国家安全教育日”系列宣传教育活动，走进机场口岸、进出口企业、小学生课堂、市民广场，通过发放宣传材料、进行知识问答、播放宣传视频、制作宣传微信，引导公众自觉维护国门安全。

在“便民利企工程”上，针对欧盟对中国枸杞采取的加严检验措施，积极开展风险评估、强化出口监管和检测技术帮扶，配合总署开展对外交涉，2021年5月欧盟有关方面致函总署，宣布解除之前所实施的加严检测措施，其中，“多措并举破解枸杞出口壁垒”入选全国海关系统“‘我为群众办实事’百佳项目”。针对出口食品添加剂重点企业申请出具出口非法检产品健康证书的现实诉求，积极争取总署相关司局支持，明确作业要求和工作规范，在确保“证货相符”的前提下及时出具相关证书，支持企业稳定和扩大海外市场。聚焦“助力银川综合保税区高质量发展”这一课题，“一对一”指导6家企业成功申请增值税一般纳税人资格试点，支持跨境电商“简化申报”模式正式落地。通过“云课堂”在线向自治区55家外贸企业开展政策宣传贯彻，就如何做好“经认证的经营者”（AEO）认证准备进行答疑解惑，并组织业务骨干上门送教十余次。按照“四个不摘”的要求，选派2名驻村第一书记、4名工作队员，持续做好驻村帮扶工作。

在“暖心聚力工程”上，走访慰问因公殉职党员的家属，生活困难的党员、退休老党员，获得省部级以上党内荣誉表彰的党员，协调发放慰问金10,000元。组织党员科技业务骨干到隶属海关跟班作业3周，现场解决技术需求20余项，提升了基层的科技获得感。以“传承雷锋精神，青春建功新时代”为主题，组织党员干部参加自治区“爱国卫生日”、文明交通志愿服务活动，驰而不惜弘扬正能量。完善职级晋升机制，有计划地对隶属海关家庭生活困难的人员开展调整交流，调动广大干部干事创业的热情。针对2021年支部设置调整较多的实际情况，组织开展支部品牌交流、“‘四强’党支部回头看、我为支部献一策”等活动。开展党务干部和青年理论学习专题培训，持续推动“强基提质工程”。对封闭管理的一线防控人员，邀请心理卫生专家开展线上心理疏导，提升心理适调能力，定期了解并协助解决个人和家庭困难。

更加注重将“我为群众办实事”实践活动与创先争优结合起来，2021年以来，银川海关相继被评为自治区精神文明建设工作先进集体、首批区直模范机关达标单位、自治区无烟党政机关、2021年度平安宁夏建设优秀部门，继续保留自治区文明单位荣誉称号，机关党委由三星级直接跃升至五星级（自治区党组织星级评定最高等级），1个科室获评“全国青年文明号”，1名驻村扶贫队员被表彰为“自治区脱贫攻坚先进个人”，2名同志和1个党支部获评区直机关“两优一先”表彰。在自治区党的建设主题展览上，融入了反映银川海关获得首批模范机关荣誉以及海关党员抗击疫情等内容的元素，在自治区模范机关观摩交流会上，银川海关作为首批模范机关达标单位、唯一中央驻宁单位进行了大会现场交流发言，持续提升海关的社会形象。

（三）以“四带四回”深化严督细导，强化“抓”的责任。

强化银川海关党委班子成员的“一岗双责”，累计到所在支部、分管部门或联系单位调研指导党史学习教育30余次。结合关区实际组建两个巡回指导组，对银川海关机关各部门、直属事业单位、隶属海关共计22个部门和单位，实现全覆盖督导。坚持“四个带下去、四个带回来”，把督导工作做实做细。

一是带着责任下去，把质量带回来。严格对标对表上级要求，定期下发《党史学习教育重点任务提醒单》，提出规定动作的建议时限，尽力做到统一进度、均衡发展。通过调阅材料、电话沟通、巡听旁听、走访调研、个别访谈、随机抽查等方式，督促党史学习教育进展情况，及时指出问题、给出建议。充分发挥银川海关党委委员和巡回指导组作用，列席隶属海关党委书记所在党支部专题组织生活会，并按照不低于30%的比例列席其他党支部专题组织生活会，加强督促指导。

二是带着虚心下去，把亮点带回来。注重发现基层典型，鼓励各单位、各部门在党史学习、“我为群众办实事”实践活动等方面，结合自身实际和需求，创设接地气、有实效的自选动作。指导各隶属海关至少培育提炼1个特色做法，如银川河东机场海关开展“党史每人一讲”活动，注重调动每一名党员学思践悟的积极性；兴庆海关开展“一企一策”精准帮扶服务，帮助企业择优选择适合自身需求的自贸协定，享受更加优惠的税率。

三是带着感情下去，把满意带回来。为每个隶属海关解决党建、党风廉政建设、准军事化纪律部队建设等方面2~3个具体问题。结合实际督导情况和基层诉求，帮助隶属海关规范监督执纪“第一种形态”的运用、建立特约监督员制度、推广“好差评”系统，指导基层党支部进一步严格规范开展“三会一课”，推动基层党组织建设得更加坚强有力。

四是带着作风下去，把形象带回来。严格遵守党的政治纪律和规矩，对理论性、政治性、政策性较强的问题，以及把握不准的问题，及时请示汇报，督促各单位、各部门把握好政治方向。进一步改进工作作风，对所指导单位提出的问题及时反馈，力戒形式主义、官僚主义，注重减轻基层负担，树立巡回指导人员的良好形象。

二、深入推进党建工作专题培训，聚焦高要求抓好巡视整改任务落地落实

总署巡视反馈以来，银川海关党委坚持把党建工作专题培训与巡视问题整改有机结合起来，主要领导带头改，全体领导干部边学边改、边查边改、边整边改，着力抓党建聚合力、抓阵地强保障、抓机制提质效，推进巡视整改到位、建章立制标本兼治、严督实查同步落实。对照巡视反馈指出的4个方面24个主要问题，制定93项整改措施，建立问题清单、责任清单、任务清单，集中攻坚。2021年，已销号整改措施85项，正在推进中的整改措施8项，取得了阶段性整改成效。

（一）抓边整边改，促整改合力。

以党建工作专题培训为抓手，围绕巡视反馈的问题，银川海关党委高度重视，多次召开推进会进行专题部署，主要领导亲自带队现场办公，坚决推进问题整改落实。

一是在党建工作专题培训中，加强组织抓整改。总署动员部署会议后，银川海关党委立即组织政治部召开专题学习工作部署会议，制订银川海关党建工作专题培训方案，对培训目的、培训对象、培训安排等内容进一步细化，确定研讨主题和相关组织人员，进行目录资料的收集整理，印制了干部人事政策文件汇编和党建工作政策文件汇编等4本学习资料，要求参训

人员、相关岗位人员提高政治站位，充分结合总署党委巡视银川海关党委问题整改工作，以专题培训学习为契机，全面补足在政策规定理解掌握上的短板，提升党建工作人员政策理论水平和工作能力水平，扎实开展学习研讨。

二是在党建工作专题培训中，统一思想抓整改。党委班子深刻认识到，以党建工作专题培训为契机，抓好巡视整改是检验对党忠诚不忠诚的“试金石”、检验“四个意识”强不强的重要标尺。第一时间召开专题会议，认真学习贯彻习近平总书记关于巡视工作的重要论述，传达学习署长倪岳峰对巡视工作的指示意见和副署长胡伟在巡视情况反馈会议上的讲话精神，以及总署党委第十一巡视组的反馈意见。党委理论学习中心组先后围绕“着力增强规则意识、切实提高政治敏感度、树牢巡视整改政治责任”3个专题进行集中学习，增强抓好巡视整改工作的自觉。

三是在巡视整改中，凝聚整改合力。银川海关党委每月召开一次巡视整改推进会，向关区干部群众通报巡视反馈意见和阶段性整改情况，持续动员干部群众参与到巡视整改中来。党委班子成员结合党史学习教育和党建工作专题培训，主动深入分管领域、基层一线，倾听群众心声，虚心求教群众，广泛听取在“四个落实”方面特别是如何推进巡视整改的意见建议，班子共征求“原汁原味”意见建议45条，经汇总梳理为17条。

（二）抓边学边改，促整改落实。

深刻理解党建工作专题培训的重要性和必要性，结合巡视反馈问题整改工作，立即部署、迅速行动，痛下决心、主动整改、狠抓成效，做到问题不解决不松劲、解决不彻底不放手、群众不认可不罢休，以问题的有效解决来检验落实整改任务的实际成效。

一是紧扣“自学”。发放“深入学习贯彻干部任用条例 切实为海关事业选好用好干部”“夯实基础 提高质量 全面加强基层党建工作”“强化组织人事工作纪律规范”3个专题讲座材料，组织利用工作之余和八小时以外加强自学，对涉及本岗位政策法规要求精学细学，同时结合巡视整改工作带着问题学，开展学习心得交流，切实做到融会贯通，领悟要旨，用于指导实际工作。

二是紧扣“精学”。充分结合总署党委巡视银川海关和选人用人专项检查反馈问题及巡视整改工作，在全面自学的基础上，就组织人事政策法规和党建工作政策规定进行精学，对巡视反馈问题中突出问题、重点整改内容涉及的政策法规规定进行专门学习，提出集中研讨专题。

三是紧扣“自查”。党委按要求召开专题民主生活会，党委班子及班子成员聚焦巡视整改，把自己摆进去、把职责摆进去、把工作摆进去，深刻检视剖析，开展自我批评和相互批评，切实查摆突出问题、主动认领责任、挖掘思想根源，进一步明确了努力方向和整改措施。

（三）抓边查边改，促成果转化。

把党建工作专题培训和党史学习教育活动成效、巡视整改专题组织生活会成果转化成为破解难题、促进工作的措施、行动，切实推动整改工作不断走深走实，促进银川海关中心工作高质量发展。

一是开展专项治理。认真落实“四个融入”要求，坚持以整改促进班子和队伍建设、以整改促进作风建设、以整改促进事业发展。注重标本兼治，在健全完善制度机制上下功夫，对具有一定普遍性、倾向性的问题开展专项整治。

二是推进严督实导。通过集中研讨，深入结合总署党委巡视银川海关和选人用人专项检查反馈的问题和整改措施，深入查摆党建工作和组织人事工作中仍然存在的问题，重点从全局工作出发，立足长远，运用系统性思维开展问题查摆和制订整改台账，共查摆问题 9 个，制定整改措施 21 项，重点将巡视整改未体现出的存在的问题查摆出来，将巡视整改中需要“长久立”的问题加以完善，将长远夯实党建工作和组织人事基础性工作，提升党建组工干部政策素养和工作水平的措施用长效机制加以保障。明确整改时限和责任人，对照台账进行销账管理，确保按照时限完成整改，对整改效果进行“回头看”，综合评估整改实效。

三是强化追责问责。凡是巡视反馈指出的问题，逐一分析症结原因，找准病根，做到见人见事见责任。严格按照执纪问责“四种形态”，对重点问题进行责任分析与追究工作，实现“问责一个，警示一片”，以追责问责倒逼整改落实，确保巡视反馈问题真改实改、全面整改、一改到底。

三、深入推进“强基提质工程”，聚焦高标准抓好党建工作落地落实

结合“强基提质工程”，切实将党史学习教育贯穿到基层党建工作中来，融入到支部政治建设、思想建设、组织建设、作风建设、廉政建设和精神文明建设中，纳入到政治巡察、党建日常督查、支部互观互检中，党建工作质量进一步提升。

（一）把党史学习教育融入政治建设中，筑牢政治机关意识。

始终把学习贯彻习近平新时代中国特色社会主义思想作为党支部学习的“第一内容”、党员学习的“第一任务”，教育党员干部增强“四个意识”、坚定“四个自信”、做到“两个维护”。2021 年 7 月 1 日上午，组织全体党员干部集中收听收看习近平总书记在庆祝中国共产党成立 100 周年大会上的重要讲话，当天下午银川海关党委第一时间召开专题会议，以学习贯彻习近平总书记“七一”重要讲话精神进行安排，将其作为党史学习教育的核心内

容。各党支部利用“三会一课”等形式，就学习习近平总书记“七一”重要讲话精神为主题，迅速组织支部党员深入研讨交流，深化党员干部对讲话精神的理解把握。以提升党员干部政治判断力、政治领悟力、政治执行力为目标，将党史阶段性学习贯穿到党支部“大学习”活动中来，做到目标明确、计划清晰、安排合理。将党史学习教育落实情况纳入支部每季度督查及支部“互观互检”，明确支部书记落实好抓基层党建工作责任清单，压实支部主体责任，结合日常考核，做好党史学习的监督检查，抓好责任落实。

（二）把党史学习教育融入思想建设中，提升理论武装。

充分调动广大青年党员学党史的热情和活力，大力实施青年理论学习提升工程，建立5个青年理论学习小组，搭建学习交流平台，同步落实党史学习教育的各项要求，增强学习效果，引导全关广大青年坚定不移听党话、跟党走。做好党务干部培训，积极参加区直机关工委专职副书记、机关纪委书记和新任党支部书记培训班，举办为期2天学习贯彻习近平总书记“七一”重要讲话精神读书班暨宣讲会，邀请自治区党委宣讲团团长作专题报告，采取个人自学、交流研讨等形式，进行深入学习。牢牢掌握意识形态工作主动权，组织签订意识形态目标责任书，按时向总署党委和自治区党委报告意识形态责任制落实情况。

（三）把党史学习教育融入组织建设中，夯实基层组织基础。

严格落实党委班子成员双重组织生活制度、履行党员义务情况报告制度，深化“四强”党支部建设，按照总署党委关于“支部建在科上”相关要求，立足各基层党组织人员和工作实际，调整优化基层党组织设置。坚持每季度党建督查制度，组织各支部开展互观互检交流活动，“点对点”做好答疑反馈，提升支部党建工作规范化水平。组织全体党员参加总署“党在我心中”党史知识竞赛，做好党员应知熟记测试。持续推进“一支部一品牌”建设，组织开展支部品牌交流活动，品牌支部书记讲授专题党课，交流经验，在管理网开通学习贯彻习近平总书记“七一”重要讲话精神专栏，在“银关政声”微信公众号设置“学习体会我分享”“红色故事我来讲”“身边典型我点赞”“支部品牌我展示”4个专题，刊发党员干部的学习心得、先进典型的事迹、支部品牌创建的经验做法，营造浓厚的学习氛围。

（四）把党史学习教育融入廉政建设中，抓好清廉海关建设。

印发党委全面从严治党主体责任清单，压紧压实各层级责任。结合“现场监管与外勤执法权力寻租”专项整治工作，组织各党支部开展自查，协助相关职能部门做好监督管理；开展党风廉政教育周活动，印发专题活动方案，深入学习习近平总书记关于全面从严治党重要论述，开展“五个一”活动，教育引导各级党员领导干部警钟长鸣、永葆本色、廉洁从政；聚焦党中央各项决策部署在基层落实情况、聚焦群众身边腐败问题和不正之风以及群众反映强烈的问题、聚焦海关基层党组织建设情况，深化党委政治巡察，对 1 个隶属海关党委和 1 个事业单位党支部（涉及 2 个事业单位）开展了常规巡察，对 6 个内设机构党支部开展了专项巡察，确保巡察全覆盖；坚持重大节假日廉政提醒，组织处级以上党员领导干部签订节假日廉政提醒报告单，持续强化酒驾醉驾日常教育提醒，2021 年未发生酒驾醉驾情事。

（五）把党史学习教育融入文化建设中，助力精神文明建设。

印发《2021 年银川海关精神文明建设工作要点》，立足关区实际，统筹两级模范机关创建、绩效考核等，明确文明创建重点；坚持“以人民为中心”的服务理念，发挥团委、工会桥梁纽带作用，积极开展志愿服务活动，参加自治区“建设美丽新宁夏·我们在行动”“关爱山川河流·保护母亲河”等志愿服务活动，截至 2021 年，共组织 130 余人次参加“爱国卫生日”活动。结合学雷锋志愿服务，集中开展“传承雷锋精神，青春建功新时代”主题系列活动，大力弘扬社会主义核心价值观。结合基层党组织和在职党员“双报到、双报告”参与社区治理活动，深入宝湖社区开展志愿服务活动。认真贯彻落实《新时代爱国主义教育实施纲要》《新时代公民道德建设实施纲要》《新时代加强和改进思想政治工作的意见》，加强党员干部社会公德、家庭美德、个人品德建设。

四、持续传承党的百年光辉历史，长效化开展党史学习教育

银川海关持续巩固深化党史学习教育成果，重点在以下几个方面下功夫。一是持续加强思想理论武装。把学习贯彻习近平新时代中国特色社会主义思想作为首要政治任务和重大政治责任，重点抓好党的十九届六中全会精神的学习贯彻工作，把党史学习作为每位党员的“必修课”，真正做到学史明理、学史增信、学史崇德、学史力行，从党的百年奋斗史中汲取力量。二是持续营造浓厚氛围。积极对各单位各部门在推进党史学习教育中的优秀案例、先进典型、经验做法等，进行宣传总结。积极利用“银关政声”、“银川海关 12360”、管理网专栏等关内平台，做好宣传推广，持续营造浓厚学习氛围。三是建立健全“我为群众办实事”长效机制。认真总结“我为群众办实事”实践活动成功经验，把党史学习教育期间开展便民利企、暖心聚力的经验做法制度化。深入隶属海关、进出口企业、地方政府察实情、找对策，采取更加精准有效的举措，使外贸企业和基层群众有实实在在的获得感。

四是持续推进全面从严治党向纵深发展。严格落实中央八项规定及其实施细则精神，深入整治“四风”新老问题，深化“灯下黑”问题专项整治，将准军月度检查情况、无烟机关检查情况等纳入党建考核，持续深化酒驾醉驾专项整治，高质量推动廉洁型机关建设。

银川海关学习贯彻党的十九届六中全会精神

2021年，银川海关按照总署党委和自治区党委要求，结合实际、精心安排、周密部署，深入组织学习贯彻党的十九届六中全会精神，动员关区全体党员干部从党的百年奋斗历程中汲取智慧和力量，埋头苦干、勇毅前行，注重找准切入点与着力点，以把关服务、履职尽责的优异成绩迎接党的二十大胜利召开，在新时代新征程上为党和人民争取更大荣光。

一、提高政治站位，深入学习领会全会精神

银川海关深入学习宣传贯彻党的十九届六中全会精神，坚持原原本本学、认真系统学，深刻认识全会的重大意义、丰富内涵、精神实质，把学习宣传贯彻党的十九届六中全会精神作为当前和今后一个时期的重大政治任务，切实把思想和行动统一到党的十九届六中全会精神上来、统一到习近平总书记重要讲话精神上来，确保党的十九届六中全会精神在银川海关落实落地落细。

（一）示范带动学，发挥“关键少数”作用。

党的十九届六中全会召开后，银川海关党委高度重视，积极发挥关党委带头作用，通过召开党委会、党委理论学习中心组（扩大）学习会、形势分析及工作督查例会等，深入学习宣传贯彻党的十九届六中全会精神，深刻领会和理解把握核心要义，做到先学一步、学深一层。结合海关职能任务，围绕“学习贯彻党的十九届六中全会精神，铸牢中华民族共同体意识，发挥海关职能作用，助力先行区建设”等主题深入开展学习研讨，逐一交流发言，谈体会、悟思想、谋思路，制订实施方案，加强组织领导，科学统筹谋划，跟踪督导推进，把学习贯彻全会精神作为一项重要政治任务抓紧抓实，有力推动学习宣传贯彻党的十九届六中全会精神向纵深开展。银川海关党委班子成员深入分管领域和支部、隶属海关党委班子成员在本关、支部书记在本支部深入开展“三级”宣讲活动，共开展全会精神宣讲26次，确保学

习宣传党的十九届六中全会精神层层落实、步步推进，推动党员干部学习理解党的十九届六中全会精神往实里走、往深里走、往心里走。

（二）及时跟进学，迅速掀起学习热潮。

各党支部充分利用电视、广播、网络平台、报刊媒体等方式，组织干部职工收听收看全会相关报道。2021 年 11 月 19 日，印发了《关于认真学习党的十九届六中全会精神的通知》，先行号召关区各级党组织、全体干部职工深入学习宣传贯彻党的十九届六中全会精神。各隶属海关党委、各党支部充分利用“三会一课”、主题党日等形式，引导全体党员干部读原著、学原文、悟原理，深刻领会、准确把握全会精神的基本内容、丰富内涵与核心要义。11 月 25 日至 12 月 2 日，召开党委理论学习中心组（扩大）学习会暨党的十九届六中全会精神专题学习班。组织关区全体党员干部参加总署学习班开班动员会，认真学习署长倪岳峰在学习班上的讲话精神，切实把思想和行动统一到党的十九届六中全会精神上来；组织集中研读《中国共产党第十九届中央委员会第六次全体会议公报》《中共中央关于党的百年奋斗重大成就和历史经验的决议》和习近平总书记就《中共中央关于党的百年奋斗重大成就和历史经验的决议》所作的说明等会议文件，深刻领会党百年奋斗的重大成就和历史经验，进一步增强做好海关工作的责任感和使命感；邀请自治区宣讲团成员为关区全体关警员作题为《实现中华民族伟大复兴的行动指南》的专题辅导报告，通过从深刻认识党的百年奋斗重大成就、历史意义和宝贵经验，深刻理解“两个大局”“九个必须”“十个坚持”，坚决响应走好新时代赶考之路的伟大号召等方面对党的十九届六中全会精神进行了全面宣讲和深入解读，引导党员干部自觉用全会精神统一思想、凝聚共识、坚定信心、增强斗志；举办学习党的十九届六中全会精神交流分享会，机关 3 位处级领导干部和 1 位事业单位处级领导干部、1 位隶属海关关长作大会交流，深入结合负责领域工作谈认识，以党建强业务，充分发挥示范带头作用。通过此次专题学习班，激励全体党员干部增强“四个意识”、坚定“四个自信”、做到“两个维护”，以史为鉴、开创未来，埋头苦干、勇毅前行，忠实履行好党和人民赋予的新时代使命任务，为实现第二个百年奋斗目标、实现中华民族伟大复兴的中国梦做出新的更大贡献。

（三）突出重点学，营造浓厚学习氛围。

银川海关采取多种形式营造学习全会精神的浓厚氛围。2021 年 12 月 8 日，中共银川海关委员会印发《银川海关学习宣传贯彻党的十九届六中全会精神工作安排》，明确了组织学习培训、开展集中宣讲、抓好内外宣传等方面的内容、时限、要求等，对全关学习宣传贯彻党的十九届六中全会精神作出进一步全面部署安排。全关各党支部围绕“学习贯彻党的十九届六中全会精神”等主题，组织党员干部积极开展学习研讨，通过学习研讨进一步统一思想、提高认识、激发热情，增强党员干部做好本职工作的能量和动力，为推动海关事业高质量发展、用实际行动践行党的十九届六中全会精神集聚了力量。依托银川海关机关网站“学习宣传贯彻党的十九届六中全会精神”专栏、“银关政声”微信公众号等新媒体传播矩阵，刊发宣传稿件、心得体会61篇次。充分利用管理信息网、展板宣传栏、支部党建阵地、电子显示屏等平台，发布多篇学习文章和多条学习标语，积极营造学习宣传的浓厚氛围。为各党支部购买《党的十九届六中全会〈决议〉学习辅导百问》和《中共中央关于党的百年奋斗重大成就和历史经验的决议》辅导读本，供党员干部学习，在全关掀起学习宣传贯彻热潮。

二、坚持与建设政治机关结合，坚定走好践行“两个维护”第一方阵

银川海关注重将学习贯彻党的十九届六中全会精神与建设政治机关结合起来，坚决把政治建设摆在首位，深刻学习领会“两个确立”，自觉用习近平新时代中国特色社会主义思想武装头脑、指导实践、推动工作，把“两个维护”体现在履职尽责的行动和实效上。

（一）着力在抓政治机关建设上下功夫。

牢牢把握海关政治机关属性，不断加强政治机关建设，将“两个维护”作为政治建设的根本问题和首要任务，全面加强党的领导、持续深化政治建关，做到维护意识更牢、维护能力更强、维护效果更实。坚持学懂弄通做实习近平新时代中国特色社会主义思想，坚决把学习领会、贯彻落实习近平总书记重要指示批示精神作为银川海关各级党组织的首要政治任务，结合学习贯彻党的十九届六中全会精神，按照总署的要求组织开展忠诚教育，引导党员干部做对党绝对忠诚的国门卫士。切实将做到“两个维护”体现在坚决贯彻落实党中央决策部署上，体现在履行海关职责任务、做好本职工作上，体现在日常言行上，以实际行动坚决走好“两个维护”第一方阵。

（二）着力在抓全会精神落实上下功夫。

增强行动自觉，切实把全会精神转化为推动发展的强大动力和生动实践。坚持和完善“第一议题”制度，紧盯上级重点工作部署落地落实，明确党委委员抓工作落实的主体责任，党委主要负责人对总署工作部署带头抓，各党委委员按职责分工对负责的重点工作落实具体抓。对于需要制订关区配套实施方案、细则的，明确责任部门和完成时限。及时收集整理重点任务办理落实情况，在每月形势分析及工作督查例会上通报。

（三）着力在抓模范机关创建上下功夫。

在获评区直机关首批“让党中央放

心、让人民群众满意”模范机关达标单位的基础上，持续巩固深化模范机关创建成果，进一步压实主体责任，组织全员参与，创新活动载体，以打造“政治型、服务型、实干型、文明型、廉洁型”机关为抓手，坚决做到讲政治、守纪律、负责任、有效率，全面提升模范机关创建质量水平，激励广大干部担当作为、干事创业，为推动关区海关工作高质量发展提供坚强有力的思想组织保证。

三、坚持与深化党史学习教育结合，彰显人民海关为人民的价值追求

百年党史启示着我们，必须永远保持同人民群众的血肉联系，践行以人民为中心的发展思想。银川海关以学习贯彻党的十九届六中全会精神为契机，深化拓展党史学习教育，持续把“我为群众办实事”实践活动落到实处。

（一）筑牢国门安全防线。

认真落实总体国家安全观，坚决克服麻痹思想、厌战情绪、侥幸心理、松劲心态，毫不放松抓好口岸卫生检疫。密切关注新冠肺炎疫情形势和口岸航班变化情况，完善优化各类方案预案，坚决完成包机出入境等口岸检疫工作任务。进一步完善口岸公共卫生核心能力建设，严防埃博拉、拉沙热等重大传染病叠加传入。针对宁夏疫情防控形势，在履行好自身防控职责的基础上，累计选派60名干部职工下沉社区一线，协助社区做好隔离人员的服务保障工作。严格落实总署和自治区各项安排部署，高标准做好进口高风险货物风险监测和预防性消毒、安全防护和内部防控等各项工作。统筹各业务条线风险防控要求，推进各领域风险一体化防控。深化综合治税，强化全链条监管，加强海关监管场所安全隐患排查，持续推进安全生产专项整治三年行动。推动稽查理念向“以查发为导向”转变，进一步拓展涉税领域核查和进口固体废物行业专项稽查行动，提高稽核查的针对性和有效性。加强国门生物安全监测，完善进出口商品质量安全风险预警和快速反应监管体系，强化进出口危险货物及其包装的检验监管。推动地方政府落实反走私综合治理主体责任，深入研究新形势下关区走私态势，持续深入开展“国门利剑”专项行动，围绕重点领域、重点目标，严厉打击走私，坚决守护国门安全。

（二）优化便民利企举措。

积极配合自治区口岸办持续推进中国国际贸易单一窗口（以下简称“单一窗口”）建设，推进“提前申报”“两步申报”和“两段准入”海关便利通关模式应用，不断巩固和提升口岸通关效率。“一企一策”精准帮扶服务，帮助外贸企业择优选择适合自身需求的自贸协定，享受更加优惠的税率。通过“云课堂”在线向自治区外贸企业开展政策宣传贯彻，就如何做好AEO认证准备进行答疑解惑，并组织业务骨干上门送教。聚焦枸杞、葡萄酒等

自治区九大重点产业，建立自治区九大重点产业外贸商品统计目录，发挥海关职能作用，提供精准进出口统计服务，为促进产业发展提供数据支持。用好12360热线、海关“好差评”系统、特约监督员机制，改进工作作风，强化服务意识。

（三）突出暖心聚力实效。

党委每半年研究一次定点帮扶工作，按照“四个不摘”的要求，做好两个对口村的驻村帮扶工作，落实好乡村振兴各项有关任务要求。以“传承雷锋精神，青春建功新时代”为主题，广泛开展爱国卫生、文明交通、疫情防控等志愿服务活动。结合基层党组织和在职党员“双报到、双报告”参与社区治理活动，深入宝湖社区开展志愿服务活动。完善职级晋升机制，有计划地对隶属海关家庭生活困难的人员开展调整交流，调动广大干部干事创业的热情。对封闭管理的一线防控人员，邀请心理卫生专家开展线上心理疏导，提升心理适调能力，定期了解并协助解决个人和家庭困难。充分发挥考核和奖励的正向激励作用，按照新修订的海关工作人员奖励规定和及时奖励量化标准体系开展好日常奖励、年度考核奖励等工作，鼓励争先创优，营造干事创业导向。

四、坚持与强化监管优化服务结合，助力辖区开放发展

认真贯彻落实习近平总书记在视察宁夏时“以更高水平开放促进更高质量发展”的重要指示精神，发挥海关职能作用，助力辖区补齐开放不足的短板，在推动高水平开放中贡献力量。

（一）助力优化开放环境。

积极参与黄河流域生态保护和高质量发展先行区建设，推进《海关服务黄河流域生态保护和高质量发展重点举措》在关区落地见效。借助全国通关一体化改革红利，支持广大进出口企业用足用好各类优惠政策，推动口岸营商环境建设向更高标准、更高水平迈进，最大限度降低制度性交易成本。针对重点改革项目，由党员业务骨干组建攻坚小组开展集中工作，推动“提前申报”“两步申报”等通关模式以及关税保证保险、汇总征税、自报自缴等措施落地落实。巩固压缩货物整体通关时间成效，落实关税调整、减税降费等国家税收政策，引导外贸企业利用好原产地优惠等政策。落实国务院和总署“证照分离”改革，进一步激发市场主体活力。

（二）助力拓展开放平台。

支持银川空港口岸、银川综合保税区、银川国际公铁物流港、石嘴山保税物流中心（B型）等各开放载体的配套联动，深化横向经济联系，提升整体功能。支持宁夏发展跨境电子商务，为企业在宁夏建设进口商品交易展示中心、进口商品分拨中心提供政策指导服务。推广实施铁路快速通关业务模式，结合关区实际支持中欧班列发展，指导企业用好各项通关便利化措施。密切与区域海关合作联动，促

进宁夏加快融入西部陆海新通道。做好中国-阿拉伯国家博览会服务保障工作，开设报关专用窗口和查验专用通道，现场设立的跨境电商新零售展区，及时提供政策咨询。

（三）助力提升开放水平。

建立直通服务责任制，党委班子成员“一对一”直接联系自治区重点工业（产业）园区，打通海关政策落实的“最后一米”。支持宁夏国家葡萄及葡萄酒产业开放发展综合试验区建设，帮扶促进枸杞、葡萄酒等优势特色农产品高质量发展。鼓励进口种禽、种牛、葡萄苗等紧缺优质动植物种质，改善自治区农业种质资源质量。做好国外技术性贸易措施研究应对，引导企业按照更高技术标准提升产品质量和产业层次，不断提高国际市场竞争力，促进更多优质“宁字号”农产品走出国门。发挥关税调节作用，支持扩大先进技术设备、关键零部件进口，加快创新步伐、转型升级。

五、坚持与推动自身建设结合，不断夯实基层基础能力

党的十九届六中全会要求，常怀远虑、居安思危，继续推进新时代党的建设新的伟大工程。银川海关以全会精神为指导，进一步增强全面从严治党永远在路上的政治自觉，努力提升关区干部政治素养和业务能力。

（一）推进班子自身建设。

增强规则意识，规范决策程序，进一步提升党委工作的规范性。加强和改进调查研究，确定《支持黄河流域生态保护和高质量发展先行区建设海关政策研究》等10多个关级重点调研课题。班子成员结合各自分管领域，通过实地考察、召开座谈会、个别走访等形式，深入基层和企业开展调研，现场解决问题。进一步把握区情关情特点和开放发展需求，找准工作的切入点、着力点，谋划和推动关区事业高质量发展。

（二）打造高素质干部队伍。

选优配强领导干部队伍，对处科级领导干部队伍结构进行全面分析，开展领导干部多岗位锻炼，不断增强能力水平。加强执法一线科长队伍建设，建立科级领导干部选拔任用人才库，实现对优秀年轻干部的持续了解、对人才库的动态管理。持续组织全员岗位大练兵，坚持党务能力、政务能力、业务能力一体培训，提升队伍素质能力。加大新入职关员任职前培训和执法专业资质培训力度，提升大学习大培训成果，培养一专多能的人才骨干，优化一线执法岗位人员专业资质配置。坚持严管厚爱并举，锻造全面过硬的准军事化纪律部队。

（三）深化“强基提质工程”。

加强对支部建设的精准指导，组织开展基层党建实训，提高各党支部主题党日活动的质量，推动基层党建全面进步全面过硬，全面实现隶属海关“支部建在科上、强在科上”。定期开展党支部品牌交

流展示活动，以点带面深入推动党建品牌创建，扩大带动示范效应。充分发挥“智慧党建”工作平台记录、考核、宣传党建工作的功能，及时总结经验，形成有效机制，促进创新与规范有机统一。聚焦政治监督，对基层党组织开展全覆盖政治巡察，推动全面从严治党向基层延伸。秉持严的主基调，常态化运用监督执纪“第一种形态”，持续保持风清气正的政治生态。

2021 年银川海关新冠肺炎疫情防控工作

自新冠肺炎疫情发生以来，银川海关始终坚决贯彻习近平总书记重要指示批示精神，认真落实党中央、国务院决策部署，始终坚决按照总署党委工作部署，发扬准军事化纪律部队优良作风和顽强战斗力，闻令而动、遵令而行、从严从紧、慎终如始，坚决扛起政治责任，举全关之力，严之又严、实之再实落实各项防控措施，坚决筑牢口岸疫情防线。

一、2021 年银川海关出入境航班保障新冠肺炎疫情防控基本情况

银川河东国际机场口岸自 2020 年 2 月至 2021 年 12 月底为停航状态，但有少量包机业务。2021 年共监管出入境包机 2 架次、出入境人员 408 人。2 月 7 日，银川海关对来自沙特阿拉伯的入境包机实施了登临检疫、两道体温监测、健康申明卡验核、流行病学调查、采样、行李查验、卫生处理等工作，入境检疫共 383 人，其中旅客 350 名、外籍机组 33 名（未入境不采样）。检疫发现个别有症状人员，移交地方转运至指定医院进行进一步排查，其余未发现异常旅客，移交地方转运至集中隔离点隔离观察。2 月 8 日，58 名同机返程沙特阿拉伯中国电力建设集团（以下简称“中国电建”）复工复产人员，在通过体温监测、健康申明卡验核、医学巡查无异常后，顺利出境。对全部入境人员的采集鼻咽拭子样品 350 份、血液样品 350 份，经卫生保健中心实验室检测，新冠肺炎核酸检测结果均为阴性。出境航班 1 小时完成了全部海关通关工作。

落实出入境包机保障新冠肺炎疫情防控具体措施主要有：一是强化组织领导、快速动员部署。接到中国电建滞留沙特阿拉伯员工回国包机宁夏入出境计划后，银川海关党委高度重视、周密部署、积极筹备，严格落实国务院联防联控机制要求，落实总署和自治区党委政府新冠肺炎疫情防控工作要求，严防疫情输入输出，筑牢口岸检疫防线。银川海关统筹口岸疫情防控和促进外贸稳增长工作指挥部先后召开两次专题会议，在总结既往包机保障经验

基础上研究部署中国电建滞留沙特阿拉伯员工回国包机入境保障工作，及时传达总署和自治区党委政府应对包机入出境有关工作要求，研究完善各项应对措施和工作方案。执行包机保障任务期间，银川海关领导靠前指挥，通过两级监控指挥中心统筹指挥调度，为做好包机通关工作提供了坚实的组织保障。二是全面梳理流程、优化工作方案。对照总署疫情防控系列文件要求和自治区疫情防控指挥部有关要求，修订、制订了相关工作文件，优化明晰作业流程和现场布局路径，规范包机入境保障各项工作流程，进一步明确岗位人员和职责，确保责任到人、措施到位。三是有效落实联防联控机制。自治区应对新冠肺炎疫情工作指挥部多次召开包机保障工作会议，总结经验，查补漏洞和不足，并将环保厅纳入口岸入境检疫工作组，有力解决了医疗废弃物的后续处理问题，并在个人防护、检测试剂等疫情防控物资上给予大力支持。自治区卫生健康委员会（以下简称“卫健委”）根据包机演练情况组织召开包机保障相关工作会议，梳理解决各保障单位间协作配合事宜，并抽调医护、流调、个人防护、卫生处理等36余名专业人员支持，有效充实口岸检疫工作现场人力配置。银川海关调整口岸入境检疫工作组并制订工作组工作方案，加强与各配合单位沟通协调，在包机保障工作中与自治区卫健委、自治区疾控中心、自治区环境生态厅、银川市卫健委、银川市紧急救援中心等单位沟通顺畅、配合密切，较好地完成了入境人员流调、采样、移交等工作。四是积极开展应急演练。积极配合自治区应对新冠肺炎疫情工作指挥部开展全流程演练，优化了人员转运、样品采集、样品送检、信息共享、风险评估等协作程序，有效落实联防联控、闭环管理要求。五是优化人力配置。在总结第一架包机工作经验的基础上进一步优化了现场人力资源配置，调整登临查验组、流调组、采样组、消毒组及负压处置组人员配备，从实际效果看，各岗位工作量更为均衡，现场秩序更加有序，上岗人员专业配置更为全面合理，重点环节未出现旅客长时间等待或突发事件无法处理的情况。六是强化岗前培训。立足新冠肺炎疫情防控工作实际，通过网络课堂、现场教学、实操演练、跟班学习、桌面推演等多种形式，深入开展业务规范、专业技能、设备操作、应急处置等方面的实务培训，组织一线工作人员进行工作预案和技术操作学习，集中研讨各项作业细节，提升口岸疫情防控能力和水平。按照应急处置预案，多次进行演练，通过预案准备的措施和演练形成的经验，增强实战能力和操作水平。建立上岗人员微信群，随时解答问题，及时协调解决工作中的困难和需求。开展全体上岗人员穿脱防护服培训和考核。针对所有支援人员进行防护服穿脱集中培训，详细讲解海关采样的工作要求和工作流程。提前印制工作手册和重点注意事项，发送至所有支援人员，确保正式上岗前牢固掌握工作要求和作业流程。加强与自治区指挥部的沟通，提高支援队伍的稳定性、减少人员更换和流动，先期接受培训的人员仅更换了一人，其余全部参加了实际工作。七是优化完善场地布局。按照自治区专家的意见，取消了现场采样点位之间的隔断，旅客和引导人员可一目了然随时掌握每个点位的工作状态，杜绝了旅客在通道间的来回走动，有效降低了交叉感染风险。增设三处防护物资补充点，为不同区域现场工作人员就近处置个人防护突发事件提供了便利。现场各区域都增加了引导和提示的标识标牌，有效防止人流混乱的场面出现。协调机场公司加开应急照明设施，维修更换故障灯具，妥善解决了采光照明问题。增加专用电缆，配备20个电暖气，解决了通关现场取暖问题。八是精准落实防控措施。在总结第一架包机工作经验的基础上改进样本收集流程，由随采收集改为每个岗位采满10个样本后定额集中收集，每采10个样本为一组，循环作业，有效降低了漏采风险，整个采样、装样和送样环节流程顺畅、精准无误。制定通讯设备发放清单，为参与任务的各单位关键岗位均提供海关对讲机，保障了联络畅通。各岗位及时汇报工作进展情况和出现的特殊情况，各岗位人员调度流畅有序，有症状人员处置规范高效。出境航班采用提前检疫验放的模式，避免了进出境人员交叉，压缩了整体通关时间。九是提升信息报送效率。前期跟踪研判境外疫情形势，联络组加强了与旅客团队和运营企业的沟通协调，提供了详尽的资料填报指南和入境检疫指南，及时获取了航班信息、人员名单、座位图等内容。航班当天，数据组全程收集记录通关信息、跟踪事件进展，优化了数据统计方法，调整了组内分工合作流程。相关措施明显降低了排查难度和风险，提升了现场通关和后续统计的工作效率。十是强化实验室检测能力。加强对实验室检测人员资质培养，实验室5人均通过自治区生物安全培训考核，解决人力紧缺问题。及时排查实验室检测设备运行情况，对故障设备紧急联系维保人员进行修理维护，确保任务期间实验室检测工作顺畅开展。进一步细化与自治区疾控中心实验室检测工作协调配合，及早交接实验室检测试剂、明确阳性样本核验事宜，确保按时限完成实验室检测任务。

二、关区新冠肺炎疫情防控主要工作情况及特色做法

（一）主要领导靠前指挥，组织保障坚强有力。

银川海关党委坚持将新冠肺炎疫情防控工作作为当前一段时期的重要政治任务，关区主要负责同志靠前指挥，严格履行“一把手”主体责任。银川海关统筹口岸新冠肺炎疫情防控和促进外贸稳增长工作指挥部召开专题会议30次，第一时间传达新冠肺炎疫情防控要求，第一时间批示

安排办理各项文件要求，第一时间研究部署具体工作、解决重大问题，同时成立了由“一把手”任组长的新冠肺炎疫情防控专项督查工作领导小组，对防控措施落实情况进行专项督查，每月工作例会进行通报点评，将总署各项疫情防控要求落实、落细。其他党委委员各负其责，紧密配合，齐抓共管，为关区疫情防控工作提供了坚实的组织保障。银川海关关长刘世远和其他关领导多次赴空港口岸新冠肺炎疫情防控一线指挥入境包机保障等工作，深入各自分管领域基层一线及监管作业场所督导检查疫情防控工作。根据新冠肺炎疫情形势变化和总署防控要求，迅速成立各专项工作领导小组和工作组，实行扁平化管理，提高协调效率，推动新冠肺炎疫情防控各项工作领导有力、组织有序、高效落实。

（二）及时制修订工作方案预案。

根据总署、自治区应对新冠肺炎疫情工作指挥部最新要求，第一时间组织相关人员集中研习《新型冠状病毒肺炎口岸防控技术方案（第八版）》《口岸新型冠状病毒肺炎卫生检疫操作指南（第五版）》《海关新冠肺炎疫情防控工作人员安全防护工作手册（第一版）》《口岸新冠肺炎疫情防控工作人员个人防护工作手册（第二版）》《入境客运航空器新冠肺炎疫情终末消毒监督作业指南（第一版）》和《入境客运航空器固液体废弃物处理监督作业指南（试行）》等规范性文件，结合关区实际情况，制修订《银川海关新型冠状病毒感染的肺炎口岸防控工作方案（第八版）》《银川海关国际航班（包机）新冠肺炎疫情防控工作方案》《银川海关入境人员卫生检疫岗位、进口冷链食品安全监管工作人员封闭管理工作方案》《银川海关关于全面加强今冬明春新冠肺炎疫情防控工作方案》《银川空港口岸入境客运航空器新冠肺炎疫情终末消毒监督作业工作方案》《银川海关进境空集装器新冠病毒检测和预防性消毒工作方案》《银川海关进口高风险非冷链集装箱货物口岸环节新冠病毒检测和预防性消毒实施方案》《银川海关新冠肺炎疫情防控一线工作人员安全防护工作方案》《银川海关一线工作人员职业暴露应急处置工作预案》《银川空港口岸入境客运航空器新冠肺炎疫情终末消毒监督作业工作方案》，对《银川海关国际航班（包机）新冠肺炎疫情防控工作方案》修订4次，对《银川海关新型冠状病毒感染的肺炎口岸防控工作方案（第八版）》修订1次。制修订新冠肺炎疫情防控预案、方案20个，并按照“一机一策”原则制订完善包机保障工作方案。

（三）切实开展疫情风险研判。

充分发挥银川海关境外新冠肺炎疫情防控措施和输入风险研判工作专班作用，高度关注国内外新冠肺炎疫情形势，按照总署疫情与风险研判工作组任务分工，积极收集境外新冠肺炎等疫情信息，开展风险分析，每日按时完成阿塞拜疆等6个国家新冠肺炎疫情风险研判，2021年累计报送研判报告365篇。在临时包机等航班保障时，提前收集来源国家疫情信息，开展风险研判，及时制订有针对性的措施。

（四）严格口岸检疫监管。

在临时包机保障中，银川海关严格按照总署印发的技术方案、操作指南及相关文件要求，严格落实相关要求，口岸检疫采样、送样流程和操作均符合总署制度规定，严格落实客运航空器终末消毒监督工作指南要求，确保规定动作100%执行到位，及时向自治区应对新冠肺炎工作指挥部报送疫情信息，精准做好入境包机卫生检疫工作。同时加大对中东呼吸综合征等秋冬季高发传染病排查力度。积极开展疟疾、艾滋病等传染病防控知识宣传，及时储备检测能力，防范其他传染病叠加输入。

（五）不断完善入境口岸现场设施。

总结2020年临时包机保障工作经验，进一步优化完善银川河东机场T1航站楼二楼现场区域设置。增设3处防护物资补充点，为不同区域现场工作人员就近处置个人防护突发事件提供了便利。在现场各区域增设引导和提示的标识标牌，有效防止人流混乱的场面出现。旅检现场设置物理隔断，避免交叉感染。协调机场进行网络配置，实现远程电子流行病学调查和旅客通关子系统卫生处置，进一步完善口岸卫生检疫流程电子化流转。

（六）夯实个人安全防护管理，筑牢安全底线。

一是健全制度。成立银川海关新冠肺炎疫情防控安全防护领导小组，主要负责人任组长，切实压紧压实“一把手负总责、业务条线各负其责、一线部门具体负责”的安全防护责任，进一步健全“培训考核、监督管理、自查督查”三位一体安全防护体系，落实“岗前检查、工作巡查、全程督查”“双人作业、互相监督”安全防护监督制度。建立安全防护监督员队伍，按照直属海关、隶属海关、科室（作业班组）3个层级制订工作机制，细化分级管理，明确责任分工，设立工作班组安全防护监督岗。二是强化自查督查。指定安全防护监督员做好指导、督促、纠正个人安全防护工作，做好安全防护自查和督查并留存相关记录。切实做到“每月一自查、每季度一督查”，深入全面开展安全防护风险隐患地毯式检查、拉网式排查，针对自查、督查和视频监控检查发现的安全防护问题，逐条梳理并立即整改到位。每季度将安全防护督查情况上报总署。2021年联合多部门以多种形式开展安全防护专项督查9次，发现14条问题，并对督查发现的问题及时督促整改。三是严格开展安全防护监督员培训和考核。加大对一线关员和保健中心人员的个人安全防护培训力度，严格按照规范做好采样、送样和实验室检测等工作，落实好“双人作业、互相监督”的安全防护监督制度，发挥安全监督员作用，做到规范作业，杜绝风险。四是严格落实封闭管理要求。2021年，银川海关临时包机保障人员集中封闭隔离均按照自治区应对新冠肺炎疫情工作指挥部要求，纳入指挥部集中隔离管理范围，指定隔离场所符合总署要求，集中隔离人员自觉严格遵守隔离规定。

（七）全力推进关区新冠疫苗接种。

结合“我为群众办实事”实践活动，为保障银川海关工作人员身体健康，前期认真摸底关区人员新冠病毒疫苗接种意愿，多次动员关区人员积极接种新冠病毒疫苗，汇总统计后及时与所在辖区疾控中心沟通联系，主动沟通协调接种点，先后3次组织关区人员分批次前往接种点开展新冠病毒疫苗接种，为关警员疫苗接种提供便利条件，全程给予技术指导，解答新冠病毒疫苗接种相关疑问，后期动态统计各部门接种情况，及时报送相关信息。

（八）严格落实集中封闭管理。

根据总署关于入境人员卫生检疫岗位工作人员封闭管理的一系列要求，一是制订更新了集中封闭管理工作方案。根据文件要求银川海关快速制订方案，明确责任分工。于2021年7月2日，制订印发了银川海关入境人员卫生检疫岗位、进口冷链食品安全监管工作人员封闭管理工作方案。同年11月24日，进一步细化完善银川海关入境人员卫生检疫岗位、进口冷链食品安全监管工作人员封闭管理工作方案。二是成立了工作专班，由分管相关工作的关领导牵头组织，成员由总工程师、办公室、综合业务二处、综合业务三处、卫生检疫处、财务处、科技处、人事教育处、政工办、各隶属海关、后勤管理中心、保健中心负责人组成。专班成员按照封闭管理工作方案的任务分工，细化封闭管理制度、人力保障、干部激励、心理援助等措施，责任到人，将每一个环节都做到位。三是制定了相关管理制度，建立完善银川海关卫生检疫封闭管理新冠病毒核酸检测阳性转出流程、银川海关卫生检疫封闭管理外出就医流程，进一步健全制度建设，明确封闭管理要求和封闭管理职责，确定工作人员和职责，加强管理，做好应急处置工作。2021年无常态化进出境国际航班，仅有临时性包机保障任务。总署封闭管理规定实施以来，在临时包机保障结束后开展2批次临时包机入境保障人员集中封闭管理，由自治区应对新冠肺炎疫情工作指挥部统一管理，结合航班实际情况，共对参与临时包机保障的14名关员及14名支援人员进行“N+14+7”集中封闭管理（即N天在岗集中封闭管理、14天离岗集中封闭管理和7天居家健康监测）。参与封闭管理人员全程新冠病毒疫苗接种，建立健康管理台账，将相关信息详细“登记造册”，健康管理员通过组建微信群第一时间登记收集集中封闭管理人员基本情况，每日早晚各进行一次健康状况监测、体温监测，并及时推送相关防疫措施，指导开展个人防护；参与封闭管理人员严格“两点一线”，在岗N天集中封闭管理期间，每天两点一线，从隔离点到工作场地，全程封闭管理；开展“一天一检”，在集中封闭管理期间，指定专人开展每日健康监测，由保健中心承担新冠病毒核酸采样检测工作，对封闭管理人员在岗集中管理、离岗封闭管理期间做到新冠病毒核酸检测1天1检，在第14天、第21天采集双侧鼻咽拭子样本，在岗集中封闭管理期间结束卫生检疫作业后次日采集双侧鼻咽拭子样本，其余时间采集口咽拭子样本；居家健康监测第7天进行新冠病毒核酸检测，采集双侧鼻咽拭子样本，检测结果均为阴性，工作人员解除隔离后持48小时核酸阴性检测报告上岗。

（九）有效落实联防联控机制，筑牢口岸检疫防线。

一是与自治区指挥部积极沟通协调，总结既往临时包机保障经验，对前期联合自治区卫健委、自治区公安厅等多家单位共同组建的口岸入境检疫工作组进一步完善补充，制订中国电建滞留沙特阿拉伯员工第二架包机口岸入境检疫工作组工作方案，成立以银川海关分管关领导和自治区卫健委一级巡视员为组长的工作组，工作组下设协调联络小组、登临检疫小组、医学巡查及流行病学调查小组、采样小组、行李物品查验小组、人员及信息移交小组、卫生处理监管小组、样本交接转运小组、负压隔离室保障小组、防护装备脱卸监督小组、实验室检测小组、医疗废弃物处置小组等12个工作小组，进一步明确了各小组工作职责，确定了联络员，细化完善了各环节衔接配合流程，对入境人员严格实施闭环管理。二是积极争取地方人员、技术支持。协调自治区卫健委累计支援36名护士、实验室检测等专业技术人员，支援样本运送车辆，提供新冠病毒核酸检测能力支持，及时向自治区应对新冠肺炎疫情工作指挥部报送疫情信息。三是有效落实出入境人员健康管理和服务协作联席会议机制，于2021年9月27日以腾讯视频会议方式，牵头组织自治区教育厅、自治区科学技术厅、自治区宗教事务局、自治区公安厅、自治区人力资源和社会保障厅、自治区商务厅、自治区文化和旅游厅、自治区卫健委、自治区政府外事办公室、自治区体育局、宁夏出入境边防检查总站、西部机场集团宁夏机场有限公司12家单位联合召开宁夏出入境人员健康管理和服务协作联席会议，就新冠肺炎疫情防控、宣传教育、应急处置联动响应等工作进行沟通协商，介绍了2021年银川空港口岸入出境航班新冠肺炎等传染病疫情防控工作情况，参会各单位介绍了相关疫情疫病联防联控协作配合情况，会议总结了2020年新冠肺炎疫情防控工作各部门合作经验，就进一步强化口岸公共卫生安全等重点领域的联合防控合作措施进行了研讨。

（十）全力保障新冠病毒疫苗出境。

制订了《银川海关新冠病毒疫苗出境

监管作业指南》，组织隶属海关集中参加总署相关专题培训，严格按照总署有关规定，强化新冠病毒疫苗出境监管，严格口岸验放。2021 年银川海关区未发生新冠病毒疫苗出境业务。

（十一）全面提升检疫人员岗位技能。

结合自治区疫情防控要求，坚持政策培训和技术培训同步推进、线上培训和线下培训相结合、理论培训和实战演练相结合，不断丰富培训模式，充分利用“钉钉”网络学习平台，采用学习研讨、网络平台学习、实操培训、视频监控室授课等多种形式，线上线下相结合，及时组织口岸一线、预备及应急梯队人员学习总署、自治区应对新冠肺炎疫情工作指挥部新冠肺炎疫情防控最新文件要求，最新防控技术方案、指南等卫生检疫规范性文件，培训内容包括口岸突发公共卫生事件应急处置、新冠肺炎出入境交通工具卫生检疫、口岸现场流行病学调查、科学防护工作指引、口岸出入境人员现场病例发现与医学排查、新冠肺炎口岸防控技术方案、口岸新冠肺炎卫生检疫操作指南等，做到应训尽训、全员覆盖，将工作责任落实到位、明确到人。通过现场一对一指导方式开展个人防护装备穿脱实操培训考核，开展一对一个人防护服穿脱实操考核，针对防护服穿脱难点进行重点考核，参训人员考核均合格，进一步提升海关工作人员安全防护意识，全方位提升口岸海关一线工作人员的防控能力和水平。2021 年累计组织开展安全防护培训 5 期、安全防护监督员专项培训 1 期，累计培训 400 余人次；开展旅客通关子系统卫生检疫模块培训 2 次，开展新冠肺炎疫情上报专题培训 3 次。

（十二）强化应急演练，不断积累检疫人员实战经验。

根据新冠肺炎疫情防控工作要求，银川海关关于 2021 年 2 月 2 日参加自治区卫健委举办的境外包机入境银川隔观疏散应急演练，对演练中涉及的相关问题进行整改，确保临时包机入境保障有序开展。银川海关分别于 6 月 4 日和 12 月 3 日组织开展入境航班疫情防控全流程应急处置演练，由副关长张大平担任总指挥，疫情防控专家组成员在二级监控指挥中心远程指挥，现场指挥与 47 名一线工作人员在航站楼实操演练。疫情防控组根据 2021 年疫情防控新要求、新规定，结合旅客通关子系统卫生处置应用模块上线推广工作，在演练过程中设置了发现有症状人员、样本溢洒、负压处置等一系列模拟场景。通过本次演练，切实增强了一线关员新冠疫情防控的实战经验，强化了协同作战能力，达到了“以练代战”的目的，为科学开展口岸新冠疫情防控突发事件应急处置工作，进一步做好口岸新冠肺炎疫情防控工作积累了宝贵经验。12 月 6 日，通过视频对总署组织的“口岸新冠疫情防控突发事件应急处置汇报演练”进行远程观摩。通过观摩学习兄弟关对航空器检疫、职业暴露和突发涉疫垃圾撒落等突发事件的应急处置实战演练，对银川海关开展的应急演练进行回顾，查摆薄弱环节，积累实战经验。演练结束后，副关长张大平要求各部门要认真学习副署长张际文讲话精神，按照总署近期关于疫情防控一系列要求，从细从实抓落实，再培训再演练，积极借鉴兄弟关处置经验，进一步细化完善疫情防控方案预案，有效落实联防联控机制，全力保障包机等国际航班入境卫生检疫工作。2021 年累计组织关区并指导隶属海关开展疫情防控应急演练 10 次，涉及职业暴露、样本溢洒、生物安全、预防接种不良反应等内容，经过演练和总结，达到了以演促练、以练代训的效果。

（十三）保健中心技术支撑能力进一步提升。

包机出入境卫生检疫保障期间，银川海关保健中心充分发挥口岸技术支撑作用，派员参与口岸负压隔离室流行病学调查、医学排查和样本采集工作，并承担能力范围内新冠病毒核酸检测和抗体检测工作。2021 年参加国家卫健委临床检验中心组织的 2 次新冠病毒变异株和 3 次新冠隔离点室间质评，结果均为合格。参加自治区临床检验中心组织的 3 次新冠核酸检测室间质评，结果均合格。实验室引进全自动核酸提取仪和扩增分析仪各一台，进一步提升了新冠病毒核酸检测效率。银川海关口岸移动方舱 PCR 实验室已经取得相关资质。2021 年，在出入境人员健康体检中检出梅毒、乙肝、丙肝等传染病共计 33 例。

2021年银川海关驻西吉县兴平乡王湾村工作队工作总结

2021年，银川海关驻西吉县兴平乡王湾村驻村工作队按照自治区党委政府《关于向重点乡村持续选派驻村第一书记和工作队的实施意见》（宁党厅字〔2021〕18号）的通知要求，开始驻村工作。驻村以来，驻村工作队始终按照自治区党委政府对驻村工作队提出的协助村两委建强村党组织、推进强村富民、提升治理水平、为民办事服务职责任务和“帮办不代替、到位不越位”的工作要求，认真履行职责、努力开展工作，积极配合王湾村两委高质量完成各级党组织赋予的各项工作任务，村两委建设得到进一步加强提升。

一、王湾村村情及组织建设情况

全村为回汉杂居村，辖8个村民小组，农业户籍人口287户、1,124人（其中回族31户，汉族256户），常住户有农业户籍141户、605人（其中14户常住于县乡），实际在村常住127户，外流146户、519人。全村享受低保84户、133人，其中建档立卡户享受低保75户、116人，五保户两户2人。耕地面积约3,989,626.67平方米，退耕还林约1,897,666.67平方米。有农机专业服务合作社1个，村集体经济收入累计17.3万元，2021年农民人均可支配收入11,600元。

王湾村党支部现有党员43名（含驻村工作队3名）。其中：男性党员38名，女性党员5名；党员中汉族党员34名，回族9名；60岁以上党员13名；2021年发展预备党员2名。

二、工作队开展工作情况

（一）驻村及时，做到“三个到位”。

一是行动到位。按照自治区党委政府印发《关于向重点乡村持续选派驻村第一书记和工作队的实施意见》（宁党厅字〔2021〕18号）的通知精神，银川海关党委的要求，银川海关驻西吉县兴平乡王湾村工作队及时赶赴王湾村正式开展驻村工作。并第一时间分别向西吉县组织部、兴平乡党委报到，受到县乡的肯定和赞扬。二是思想到位。面对新的岗位、新的环境，工作队在思想认识上有正确的认识。出发前，银川海关机关领导对工作队进行了的谈话，提出了期望和驻村期间要注意的事项和工作要求，为工作队鼓劲助力。驻村工作队按照规定的时间驻村后，提高认识、克服困难，在最短的时间内适应和了解驻村环境、工作对象，及时组织开展驻村后工作移交、对接等，使驻村工作和生活尽快走向正轨。开展工作以来，工作队吃苦耐劳、努力作为的劲头得到极大锻炼和提升。三是工作到位。驻村工作以来，通过参加各级组织的培训和学习领会相关文件精神，工作队不断提升驻村工作能力和素质。贯彻落实自治区党委政府对驻村工作队提出工作要求，在银川海关党委的关心和积极指导下，认真履行职责、积极开展工作，驻村各项工作取得了一定成效，受到乡党委政府和村委的一致好评。

（二）走访住户，开展“四查四补”。

2021年7月以来，为了巩固脱贫成果，助力乡村全面振兴，按照乡党委政府通知要求，王湾村建立运行“查损补失、查漏补缺、查短补齐、查弱补强”常态化机制，成立工作专班，明确责任分工，聚焦“两不愁三保障”，从农户收入、住房、饮水、就学等20项重要指标，进行常态化调度管理，确保巩固脱贫攻坚成果与乡村振兴有效衔接工作高质量开展。

（三）强化管理，推进防返贫监测。

按照《兴平乡防止返贫动态监测帮扶工作实施方案》（以下简称《实施方案》）通知和会议要求，工作队认真进行工作安排，组织村委、村组干部认真学习《实施方案》，对监测对象和范围、监测方式和程序、帮扶措施等进行学习明确。通过建立网格化监测预警体系，实行网格化盯户盯人，切实将责任落实到人，做到将原套村所有家庭进行全覆盖。工作队开展监测排查时实行双向监测管理，在进行网格化监测的同时，农户可以自主申报，经核实情况属实的，予以协调解决。工作队在开展防返贫监测工作时，积极向农户开展政策宣传工作，将普惠和特惠等相关政策的宣传落实到位。

（四）坚持不懈，严抓新冠肺炎疫情防控。

驻村期间，工作队积极配合村两委，主动对村常住户未接种新冠病毒疫苗的人员开展协调疏导工作。自2021年10月17日新冠肺炎疫情发生以来，驻村工作队按照各级党委政府部署要求，与村委一起严格落实各项疫情防控要求，加强驻村人员和流动人员监控，加强疫情防控宣传，组织开展核酸检测。严格值班制度，设立疫情防控点，落实登记扫码制度，确保疫情防控到位，坚决打赢疫情防控阻击战。

（五）深入开展环境整治。

为进一步创造美丽宜居的农村人居环境，按照县乡党委政府工作安排，驻村工作队联合村委深入开展环境大整治行动。对全村公共场所、道路沿线、农户房前屋后等处存在的乱堆乱放、乱倒垃圾、临建违建及村内环境等进行了集中整治，通过开展整治工作，王湾村整体环境面貌进一步改变，乡村“颜值”大幅提升。

（六）强化制度，提升村委组织建设。

在银川海关历任驻村工作队的努力帮扶下，王湾村党支部坚持因地制宜、科学规划，积极探索党群共建的新方法与发展共享的新途径，走出了一条“党建引领发展，产业助推脱贫”的新路子。党组织阵地建设进一步发展，制度建设不断完善，“三会一课”制度落实规范，村级党组织的战斗堡垒作用坚强有力，村级党的建设质量有效提升。新的驻村工作队驻村后，继续延续历届驻村工作队抓党建成果，落实各项党组织生活制度，完善村两委制度等，针对日常工作中的难点问题，加强岗位现场指导培训，极大地提升了村委班子的工作能力和素质。

（七）抓好党史学习教育，扎实开展“我为群众办实事”实践活动。

开展驻村工作以来，工作队主动把深入开展党史学习教育作为一项重要政治任务抓紧抓实。按照乡党委安排，认真组织开展党史学习教育，结合实际，第一书记讲专题党课，组织村党员干部学党史、悟思想、办实事、开新局，做到学史明理、学史增信、学史崇德、学史力行。深入开展“我为群众办实事”实践活动，联系宁夏相关公司开展“助力乡村振兴捐资助学”献爱心活动，该公司为西吉县兴平乡王湾村小学捐资 7 万余元改善办公设施，为 60 名在校学生购买校服、学习用品等，慰问困难群众，受到学校与村委的好评。工作队队员自行捐款为五保户孤寡老人购买被褥，为高龄病患者购买轮椅，解决了困难群众过冬保暖、行动不便的困难，受到村委、村民的一致好评。

下一步，银川海关驻王湾村工作队继续按照自治区党委政府部署，按照市县乡党委政府要求，进一步履行好工作队职责，按照海关准军事化纪律部队要求，加强工作队的管理教育，严格遵守地方各项管理规定，强化纪律作风，严以律己，坚决做到团结和谐、安全稳定、扎实肯干。紧密结合王湾村实际，积极配合村委有序推进各项工作任务的落实，力争在产业发展上再谋新篇章，在村级治理上再下真功夫，在建强组织上再有新提升，为王湾村推动乡村振兴高质量发展做出更大成绩。

2021 年银川海关驻中宁县徐套乡原套村工作队工作总结

2021 年，通过银川海关驻村工作队的不懈努力，盐池县王乐井乡狼洞沟村成为建档立卡脱贫村（C 类村），驻村工作队圆满完成了该村驻村扶贫工作任务。按照自治区党委政府《关于向重点乡村持续选派驻村第一书记和工作队的实施意见》（宁党厅字〔2021〕18 号）的通知要求，银川海关驻村帮扶点调整为致富提升任务较重、难度较大的中宁县徐套乡原套村（A 类村）。2021 年 6 月 29 日，驻村工作队到达原套村，正式开始驻村帮扶工作。

驻村以来，原套村在市、县、乡三级党委的正确领导下，在市、县、乡包抓领导的具体指导下，各项工作稳步推进、稳中向好。特别是在中卫市委常委刘凯华同志、银川海关关长刘世远同志实地调研指导工作以后，原套村巩固脱贫攻坚成果与乡村振兴有效衔接工作取得了长足进步和发展，现将驻村工作队 2021 年工作开展情况总结如下。

一、村情概况

原套村距离县城 90 千米，由上原套、下原套和薛堡 3 个自然村组成，户籍农业人口 289 户 949 人，常住户 133 户 456 人，低保户 69 户 88 人，特困供养户 5 户 5 人，残疾户 22 户 27 人。经过脱贫不享受政策、移民交接和动态调整等处理，原套村现有建档立卡户 63 户 178 人，贫困发生率由建档时的 13.9% 降至 0%。通过持续帮扶，建档立卡户人均收入增收明显，2021 年建档立卡户人均收入由建档之初的 2,450 元提高至 7,500 元以上。摸排纳入监测户 3 户 8 人，实施动态监测。

全村在册土地面积约 40,240,000 平方米，其中，耕地约 18,533,333.3 平方米，压砂地约 4,164,000 平方米（已全部退出并确权），退耕还林地约 6,367,733.3 平方米，草原承包地约 2,950,666.7 平方米，荒山地约 8,224,266.7 平方米。全村养殖圈棚 67 座，肉牛存栏 204 头，羊存栏 4,360 只。除薛堡自然村外，其余两个自然村水泥硬化路面畅通。全村自来水入户率 100%，电网通讯网络满足生产生活需求。2021 年村集体年收入 6 万元。

二、2021 年工作成效

(一)紧贴实情抓党建,凝心聚气强内功。

注重从建强村级党组织入手,重点抓“三个一”:一是扭住一个计划抓党建。结合村情和党员实际现状,围绕《原套村2021 年度党建工作计划》,严格落实各项制度,用制度抓党建、管党建、引领带动全村发展。二是扣住一个主题抓党建。把开展党史学习教育,特别是深入学习贯彻落实习近平总书记“七一”重要讲话精神、党的十九届六中全会精神作为贯穿全年的一项重大政治任务,始终做到学深悟透、入心入脑、落地落实。截至 2021 年年底,协调组织乡包抓领导讲专题党课 4 次,讲微党课 12 次,驻村工作队讲专题党课 3 次,讲微党课 21 次,党员开展集中研讨12 次,交流发言 96 人次。三是盯住一个目标抓党建。制订《原套村党支部规范化建设示范点创建实施方案》,着力从组织设置标准化等 4 个方面切入,全面提升村党支部工作质量和水平,村党支部顺利由二星级党支部跨入三星级党支部。

(二)帮扶责任落到位,财物下沉显成效。

主动对接定点派驻单位、结对帮扶单位、结对帮扶责任人和非结对帮扶单位,一些项目取得实质进展,主要表现为“三个落地落实责任”。一是关领导带头落地落实帮扶责任。2021 年 9 月 14 日,党委书记、关长刘世远带领办公室、政工办、财务处主要负责人到原套村实地调研指导工作,解决实际困难;10 月 9 日,时任政治部主任杨向宇带领政工办、财务处主要负责人赴原套村实地调研解决困难;12 月8 日,副关长杨海、二级巡视员刘江带领监察室的同志赴原套村指导调研工作。在关区主要领导和分管领导的大力关心支持下,关区先后为徐套乡中心学校协调捐助图书 2,000 册;为原套村村委会捐赠 2 台办公电脑及相关器材;保健中心资助扶贫资金 10 万元,用于建设原套村办公用房、空气能供暖和相关设施,当前村委会办公用房和供暖设施已正常投入使用。二是市县结对帮扶单位落地落实责任。8 月 18日,中卫市委常委刘凯华赴原套村召开帮扶工作现场推进会后,先后有 3 家结对帮扶单位迅速对接驻村工作队,落实资金物资支持,其中市口岸办、市工业园区管委会共同为原套村购置植绿增绿车 1 台;固海管理处安排专人前往原套村落实抗旱大口井变压器安装工作;10 月 9 日,中卫市九三学社主动捐助资金 10,000 元,用于支持村委会建设。10 月 15 日,中宁县委常委黄宗浩组织召开原套村帮扶结对工作协调会,协调中宁工业园区管委会兑付资金30,000 元、宁夏相关民营企业兑现资金30,000 元(均已入乡政府账户)。三是县域结对帮扶责任人落地落实责任。原套村63 户脱贫户结对帮扶责任人涉及县乡 3 个部门单位,其中县纪委 4 户、住建局 53

户、徐套乡政府6户。各单位结对帮扶责任人均能够定期主动下沉、走村入户，帮助脱贫户纾困解忧。

（三）综治产业齐发力，民风产业同推进。

围绕强村富民和提升治理水平发力，主要表现为“三个好”：一是定好村规民约。从党的路线方针政策、民主制度、法律法规、集体经济、土地管理、计划生育、精神文明、社会治安、文明新风、集体财产、环境卫生等12个方面入手，组织拟制村规民约12条，并利用村民办事和工作队员走村入户等有利时机，持续向村民宣传灌输引导，让精神文明建设深入人心。结合村情实际，出台《原套村村民自治章程》5章54节，强化村民实行自我管理、自我教育、自我服务，实现物质文明和精神文明建设双赢。二是抓好环境整治。积极利用县上统筹划拨的专项资金，动用4台机械、20名公益岗，开展为期1个月的人居环境大整治，先后整修街巷道15条，清理农户门前垃圾30吨，“四美”村庄面貌初步显现。三是谋好致富产业。多点发力，积极“走出去，请进来”，锚定产业发展、改善人居环境方面提质增效。落实自治区九大产业发展要求，与宁夏5家单位合作洽谈衔接，探索应用生物科技基质营养包种植蔬菜，盘活推动村集体12座蔬菜大棚，当前该项目已通过自治区科技厅预审会、答辩会，正在程序审批过程中。与北京同仁堂宁夏药业集团公司洽谈衔接，初步达成“同仁堂企业+村集体经济+致富带头人+脱贫户+直购有机枸杞”模式发展意向。此外，主动与新疆石河子大学对接衔接，借助原套村压砂地退出后大面积山地坡地需要生态修复的有利契机，探索推进种植“石青草1号”优质青饲，聚力打造区内“宁”字号饲草特色品牌种植。

（四）综合施策纾民忧，动态防贫不松劲。

接续对63户、178名脱贫对象跟进监测并综合施策，落实政策性低保88人，公益岗8人、护林员18人。及时入户核查排查，动态掌握致贫风险线索，发现并纳入脱贫不稳定户1户2人、边缘易致贫户2户6人，落实一人一户帮扶政策，防止返贫致贫情况反弹。积极配合村干部上门入户，做好党员、护林员、低保户、残疾户等享受政策脱贫户思想疏导工作，为快速有力推动压砂地整体退出造势助力。依托“党支部+村集体经济合作社+国有企业+脱贫户+一般户”托管养殖模式，上门入户搞宣传做工作，农户均分红8,000元。积极主动与县工业园区管委会、园区企业、中卫市九三学社、自治区固海管理处对接衔接，先后为63户脱贫户送去价值12,000余元米面油和学生文具，切实把党的关怀关爱付诸行动，并及时送到老百姓的心坎上。日常遇到老百姓直接求助的难事、急事、闹心事，始终能够以认真、负责、热情的态度，耐心听倾诉，关心但不承诺，在不违反规定的情况下，能解决的解决，解决不了的及时给予答复。

（五）着眼细微抓廉政，守住底线正风气。

坚持扛起党风廉政建设监督责任，经常性“拉拉衣袖、扯扯衣襟”，牢牢守住底线、不破红线。注重从村民办理红白喜事规定人数不超过30人、遏制高价彩礼等日常小事小节入手，通过当面提醒、微信群教育、上门做工作等方法，将廉政纪律融入日常工作。每逢重大节庆日，主动给驻村工作队、村两委班子成员和全体党员开展集体廉政谈话，讲清政治规矩和廉洁纪律，讲清“常在河边走就是不湿鞋”的道理，使全体党员干部习惯在纪律约束下工作生活，带头维护风清气正的良好政治生态。

三、下一步工作打算

结合原套村实际情况和主要矛盾，下一步，驻村工作队打算抓好4个方面的工作，具体如下：

（一）抓好村两委班子党的建设。

一是按照自治区党建引领产业发展指导思想，通过多形式、多路径、多点位集中理论学习，让思想先富起来、让站位先提起来；二是发展品行好、有担当、能致富的年轻人入党，提升两个带头人比例和百分点；三是突出电脑实操水平培训，解决电脑不会操作、能力弱、水平低的问题。

（二）抓好村集体产业发展。

重点通过引进有实力企业的资金、技术、高效管理理念，推动产业发展。一是盘活原套村12座蔬菜大棚，形成种植规模化、管理科学化、销售畅通化、收入扩大化、群众覆盖化的种、管、产、销可持续村级集体经济。二是落实习近平生态文明思想，在水资源条件有保障的条件下，与新疆石河子大学合作，探索性尝试在原套村的滩、沟、塬等易林地种植石青草1号耐寒耐旱饲草，推动绿水青山和饲草饲料同步发展，解决群众养殖成本高、利润薄的突出问题。三是依托市、县、乡衔接资金+引进龙头企业技术资金支撑，建立原套村牛羊初加工扶贫车间，用工重点向63户脱贫户倾斜，带动覆盖其他一般农户致富增收。四是结合市县工商联正在推动的“万企帮万村”活动，积极衔接帮扶中卫市工业园区管委会、县工商联、县住建局，聚力实施“一企对接落实一个项目”活动，当前，已向县工商联上报“美丽村部南侧办公用房暖气改造工程”“美丽村部购置两台垃圾清扫车”项目，预算20.2万元；向县住建局上报原套村维修建设生产道路项目，预算投资200万元；修缮村部西侧150米文化墙和清理排水沟（约400方土方）项目，预算投资6万元；村部院内绿化植树项目，预算投资6万元；为63户脱贫户购买63头种羊项目，预算投资12.6万元。与相关公司合作，签订农户合作流转协议，计划在新改良的约

828,000 平方米土地上种植巨菌草，带动133 户常住户致富增收。

（三）抓好村民自治治理水平。

一要通过持续入户走访，与脱贫户畅谈交流，解读自治、法治、德治、善治内涵，循序渐进引导群众提升村民自治、决策、监督、协商水平。二要利用县乡结对帮扶责任干部每月 1 次入户访谈时机，发挥他们视野宽、认识深、格局大、理念新的优势，引导群众知党恩、记党恩、感党恩，激发群众自我提升，激活群众内生动力，逐步改变群众靠上级党委政府企业用钱帮、靠驻村工作队干活扶、靠社会力量被动推的局面，让群众成为靠自身本事管理自己、发展自己、提升自己的主体力量，让村民自治组织成为不用帮就能解决自身矛盾问题的坚强堡垒。三是努力解决把主体责任担子直接压在驻村工作队肩膀上的思维定式和本末倒置做法，把驻村工作队干部从“党建的文书”“材料的写手”“信息员”“统计员”等误区角色中解放出来，以扶志扶智为主线，逐步实现党建引领产业、产业发展支撑党建的新格局，防止因大包大揽出现村干部不懂党建、不会电脑、不知道怎样发展产业等老问题，谨防留下历史账单。

（四）解决好群众“急难愁盼”问题。

一是把握好时令节气，针对群众“急”的问题，力所能及咨询、了解，及时为群众春播秋收提供政策性支持；二是动态跟进，深入掌握群众所思所想，针对“难”的问题，力所能及的依靠派驻力量、帮扶责任人力量、结对帮扶单位力量、上级党委力量给予尽可能的帮助；三是结合每家每户个体化“愁”的问题，积极主动依靠乡村包抓干部力量，上门化解，点对点、面对面疏通解决；四是针对涉及群众面较大、覆盖面较广的期盼愿望，第一时间向上级党委、分管领导、对口业务部门反映，能用政策解决的用政策解决，不能用政策解决的，认真做好相应安抚工作。

第二篇

党的建设

党建工作

【概况】2021 年，银川海关坚持以习近平新时代中国特色社会主义思想为指导，以政治建设为统领，坚决走好践行“两个维护”第一方阵，扎实开展党史学习教育，全面深化强基提质工程，不断加强“五型”模范机关创建，深入推进准军事化纪律部队建设，持续推动全面从严治党向基层延伸，坚决落实巡视整改政治责任，高质量推进巡察全覆盖，全领域防范化解重大隐患，全方位夯实关区基层基础，全力推动银川海关工作展现新面貌、开创新局面。

【思想政治建设】2021 年，银川海关始终把政治建设摆在首位，坚决做到旗帜鲜明讲政治。把学习贯彻习近平总书记重要指示批示精神作为各类会议的“第一议题”，建立督办落实问效机制，把学习融入日常、抓在经常，推动全体党员干部真正学懂弄通做实，自觉用习近平新时代中国特色社会主义思想武装头脑、指导实践、推动工作、解决问题。充分发挥党委理论学习中心组“龙头”作用，着力提高集体学习研讨质量效果，发挥“关键少数”示范作用，每次重点交流发言的人数由原来的不少于 3 人调整为参会的所有党委委员。2021 年以来，共开展党委理论学习中心组集中学习 19 次，班子成员研讨交流发言 38 人次。

党的十九届六中全会召开后，银川海关党委第一时间召开党委会会议传达学习、研究部署，下发《银川海关学习宣传贯彻党的十九届六中全会精神工作安排》。举办银川海关党委理论学习中心组（扩大）学习会暨党的十九届六中全会精神专题学习班，邀请自治区宣讲团成员作宣讲报告，深刻解读全会精神，引导党员干部自觉用全会精神统一思想、凝聚共识、坚定信心、增强斗志。各党支部充分利用电视、广播、网络平台、报刊等媒体，组织干部职工收看新闻发布会，配发《党的十九届六中全会〈决议〉学习辅导百问》和《中共中央关于党的百年奋斗重大成就和历史经验的决议》辅导读本，引导全体党员干部读原著、学原文、悟原理。以银川海关党委委员、机关党委委员为主体，组建宣讲专家库，面向关区各单位、各部门特别是基层一线进行宣讲，开展全会精神专题宣讲26次。通过党委理论学习中心组、“三会一课”、主题党日、青年理论学习小组等形式，学懂弄通、学深悟透全会精神，组织开展专题学习贯彻党的十九届六中全会精神主题党日30余次。依托管理网站专栏、“银关政声”微信公众号等新媒体传播矩阵，刊发学习贯彻全会精神学习心得体会61篇次，积极营造学习宣传的浓厚氛围，在全关掀起学习宣传贯彻热潮。

【党史学习教育】 2021年，银川海关紧紧围绕学史明理、学史增信、学史崇德、学史力行，以高度的政治自觉扎实抓好党史学习教育各项工作。按照总署党委统一安排，成立党史学习教育领导小组，制订专题学习教育方案，定期下发《党史学习教育重点任务提醒单》，提出规定动作的建议时限，尽力做到统一进度、均衡发展。第一时间配发必学书目和推荐书目，利用党委理论学习中心组、“三会一课”、主题党日等形式积极开展“四史”学习。注重创新学习形式，以“学史·铸魂”为主题，综合运用个人自学、集中研讨、党课宣讲、现场体验、书画文章征集等多种形式，推动党史学习教育往心里走，坚定了海关人“永远跟党走”的信念。组织各党支部开展主题党员公诺活动；组织党员领导干部赴宁夏八里桥革命公墓开展“崇尚英雄 缅怀先烈”现场党性教育；举办主题演讲比赛、主题歌咏活动，并牵头开展2021年海关文化建设西北协作区庆祝中国共产党成立100周年党史知识竞赛，通过两轮党史知识竞赛，集中检验学习成果。采取“走出去、请进来”等方式，邀请自治区宣讲团成员等专家学者进行5次专题辅导，12名党支部书记对井冈山精神、遵义会议精神等12种中国共产党人精神谱系开展集中宣讲。注重宣传教育，截至当前，编发16期银川海关党史学习教育简报，利用“银关政声”平台等媒介，连载《中国共产党简史》《党史百年·天天读》等350余期。扎实开展“我为群众办实事”实践活动，进行大调研、大走访，银川海关党委累计征求各类原汁原味意见建议92条。两级党委均制定了“我为群众办实事”实践活动重点民生项目清单，其中银川海关党委清单共涉及15个重点项目、50条具体措施；隶属海关党委共涉及23个重点项目、69条具体措施，当前已全部完成，切实把党史学习教育成果转化为推动海关事业高质量发展强大动力。

【基层组织建设】 2021年，银川海关严格落实党委班子成员双重组织生活制度、履行党员义务情况报告制度，班子成员以普通党员身份自觉参加所在支部“三会一课”、组织生活会、民主评议党员、谈心谈话和主题党日活动，主动带头到基层联系点讲党课、调研指导，发挥以带促学作用，7名党委委员全年共参加所在支部党员大会53次，主题党日活动73次，专题组织生活会14次，讲党课19次。研究制定了银川海关党委、机关纪委议事规则，完善了党支部书记抓党建工作责任清单，指导各党支部书记严格落实党建“第一责任人”责任。严格落实“支部建在科上”相关要求，立足各基层党组织人员和工作实际，调整优化基层党组织设置，2021年全年共新成立17个党支部。深入推进“三强九严”工程，坚持月度“智慧党建”抽查、每季度党建督查、年中“互观互检”交流的制度，组织各支部开展交流活动，“点对点”做好答疑反馈，提升支部党建工作规范化水平。组织全体党员参加总署“党在我心中”党史知识竞赛，做好党员应知熟记测试。开展“‘四强’党支部回头看，我为支部献一策”活动，持续推进“一支部一品牌”建设，组织开展支部品牌交流活动，品牌支部书记讲授专题党课，交流经验，在管理网开通学习贯彻习近平总书记“七一”重要讲话精神专栏，在“银关政声”微信公众号设置“学习体会我分享”“红色故事我来讲”“身边典型我点赞”“支部品牌我展示”4个专题，刊发党员干部的学习心得、先进典型的事迹、支部品牌创建的经验做法。走访慰问因公殉职党员的家属，生活困难的党员、退休老党员，获得省部级以上党内荣誉表彰的党员，协调发放慰问金10,000元。按节点做好“光荣在党50年”纪念章颁发工作。认真做好党员发展工作，组织4名党员发展对象参加区直机关工委培训班，吸收7名同志为中共预备党员。

【党风廉政建设】2021年，银川海关高质量推动廉洁型机关建设，营造廉洁从政环境。严格执行中央八项规定精神，以及自治区“八条禁令”和区直机关“十项严禁”。组织开展警示教育周、警示教育月活动，强化典型案例警示教育。银川海关机关纪委委员深入所属4个隶属海关，就清廉海关建设开展宣讲。在全关区范围内开展违规吃喝隐形变异问题专项整治工作，建立问题台账，持续加大对公款吃喝、餐饮浪费及其隐形变异问题的纠治力度。严格执行处、科级领导干部节日书面廉政提醒报告制度，坚持重大节假日前向全关发送廉政提醒通知。加强领导干部配偶、子女从业行为检查力度，无违反规定的情况。指导制修订了相关办法、细则，细化制度要求，严肃财经纪律。指导各隶属海关全部建立特约监督员队伍，强化外部监督。

紧盯突出问题，从严纠治“四风”。突出重点，集中整治形式主义、官僚主义，将基层减负作为作风建设的重点。创新建立了发文负面清单、基层业务数据报送动态监测等机制，对关区发文、会议数量进行量化管理，确定压缩指标，每季度进行统计通报，下行文和关区会议数量压缩幅度超过10%，精文简会取得较好成效。面向各隶属海关开展特权思想和特权现象问题、群众身边腐败问题等专项整治“回头看”。严格落实“过紧日子”要求，缩减不必要的经费支出，制止餐饮浪费，明确节水节电要求，坚持厉行勤俭节约。

充分发挥政治监督作用，坚持把推进巡察工作作为落实全面从严治党主体责任的重要抓手。全年共对1个隶属海关党委和1个事业单位党支部（涉及2个事业单位）开展了常规巡察，对6个内设机构党支部开展了专项巡察，巡察全覆盖完成率达到100%。结合关区实际，制定了《银川海关党组巡察工作实施细则（试行）》等制度。突出“三个聚焦”，通过开展巡察工作为推动关区全面从严治党工作提供了有力支撑，为推进关区事业发展提供了坚强政治保证。

【群团工作】2021年，银川海关团委、工会始终围绕中心服务大局，充分发挥桥梁纽带作用。主动参加自治区“建设美丽新宁夏·我们在行动”“关爱山川河流·保护母亲河”等志愿服务活动，结合学雷锋志愿服务，集中开展“传承雷锋精神，青春建功新时代”主题系列活动。坚持常态化志愿服务活动，2021年共组织130余人次参加自治区“爱国卫生日”、文明交通志愿服务活动，驰而不息弘扬正能量。与银川市金凤区宝湖社区签订结对共建协议，严格落实在职党员“双报到、双报告”制度，积极参与社区治理，开展党建联建和志愿服务等活动。在自治区新冠肺炎疫情防控的关键之时、吃劲之际，60名干部职工响应号召，投向新冠肺炎疫情防控一线，协助社区做好社区封控、新冠病毒核酸检测、卡口值守、卫生检疫等工作。成立4个临时党支部，党员干部冲锋在前，战疫情、斗严寒、暖民心，把鲜红的党旗高擎在一线。圆满完成了3个社区、12个封控点、2,000多名居民的封控志愿服务任务，筑牢社区疫情防控安全屏障。

积极探索党建带团建、团建促党建的有效形式，不断增强团组织的凝聚力和吸引力。发挥“青”字号志愿服务主题活动优秀项目品牌带动作用，开展“青春心向党·建功新时代”主题宣教实践活动，“青年文明号”单位银川河东机场海关旅检三科以“青春心向党 奋进一百年”为主题，走进贺兰县第一小学为3,000余名师生讲解海关职责和国门生物安全知识，为学校捐赠科普读物、童话故事、学习文具等200余件。注重往届“青年文明号”科室巩固，加大新“青年文明号”科室培育培养，2021年9月，兴庆海关业务一科获批“全国青年文明号”荣誉称号，切实把“青字号”品牌做大做强。积极参与区直机关工委“在党旗引领下——我身边的战疫模范”事迹宣讲会，推介海关战“疫”故事，发现身边典型，培育身边榜样，弘扬清风正气。

2021 年，银川海关相继被评为自治区精神文明建设工作先进集体、首批区直模范机关达标单位、自治区首批无烟党政机关，机关党委由三星级直接跃升至五星级（自治区党组织星级评定最高等级）；1 个科室获评“全国青年文明号”，1 名驻村扶贫队员被表彰为自治区脱贫攻坚先进个人，2 名同志和 1 个党支部获评区直机关“两优一先”表彰。在自治区模范机关观摩交流会，银川海关作为首批模范机关达标单位、唯一中央驻宁单位进行了大会现场交流发言，持续提升海关的社会形象。

巡视巡察

【概况】2021年，银川海关深入学习贯彻习近平总书记关于巡视工作的重要论述，以高度的政治自觉抓好巡视整改。根据总署党委巡视工作统一部署，4月6日至5月20日，总署党委第十一巡视组对银川海关党委开展了常规巡视，并于7月29日向银川海关党委反馈了巡视意见。银川海关党委对巡视反馈意见诚恳接受、照单全收，切实把巡视整改作为重要政治任务抓紧抓实。对照巡视反馈指出的问题，制定93项整改措施，本年度已销号85项问题，尚有8项均为2022年初完成或长期坚持的整改措施，都在按照时限进度积极有序推进。银川海关坚持巡视巡察上下联动，把推进巡察工作作为落实全面从严治党主体责任的重要抓手，在总署巡视办的监督指导下，牢牢把握政治监督定位，着力加强巡察工作制度化、规范化建设，全年共对1个隶属海关党委和1个事业单位党支部（涉及2个事业单位）开展了常规巡察，对6个内设机构党支部开展了专项巡察，巡察全覆盖完成率达到100%。通过巡视巡察工作，为推动关区全面从严治党工作提供了有力支撑，为推进关区事业发展提供了坚强政治保证。

【巡视工作】2021年，银川海关切实把巡视整改作为重要政治任务抓紧抓实，在总署巡视办和天津特派办巡视整改督查组的监督指导下，坚持与党史学习教育、新冠肺炎疫情防控等工作统筹协调推进，通过集中整改，巡视反馈的突出问题得到了初步解决，政治机关意识不断增强，履职尽责能力不断提升，各项工作基础不断夯实。一是坚持政治建关，明方向定目标，切实扛起巡视整改政治责任；二是坚持问题导向，高标准严要求，主动作为阶段性整改见成效；三是坚持系统思维，堵漏洞补短板，认真开展专项整治工作。

【巡察工作】2021年，银川海关加强和改进巡察工作。一是深化思想认识，认真学习领会新精神；二是提高政治站位，切实履行党委主体责任；三是突出监督重点，坚守政治巡察职能定位；四是注重制度建设，循序提升工作规范性；五是强化队伍建设，提升监督能力和水平；六是围绕“四个融入”，强化巡察整改工作；七是探索完善机制，推动巡察工作高质量发展。

纪检监察

【概况】2021 年，银川海关党委纪检组按照总署党委、驻署纪检监察组的工作部署，在银川海关党委的领导下，立足关区实际，聚焦主责主业，强化责任意识，知责于心、担责于身、履责于行，持续把纪检监察工作做成一件一件实事，推进正风肃纪反腐常态化、长效化。

【监督检查】2021 年，银川海关聚焦“两个维护”，做实做细政治监督。一是督促落实“第一议题”，加强理论学习。把学习贯彻落实习近平新时代中国特色社会主义思想和习近平总书记重要指示批示精神作为政治监督重点，督促“第一议题”学习的检查落实，在行动中做到“两个维护”；把党史学习教育与学习贯彻习近平总书记“七一”重要讲话、党的十九届六中全会精神紧密结合，深入开展“我为群众办实事”实践活动，先后走访调研企业 21 家，征求意见 8 条，把学习成果转化为实际行动。二是细化监督指标，毫不松懈抓好疫情防控监督。把疫情防控工作细化为 11 项监督检查内容，将视频检查、每月定期检查和“四不两直”“飞行检查”相结合，发现问题 20 个、制发监督建议书 4 份、提出整改建议 21 个、督促提醒 57 人次、个别谈话 41 人次、调阅资料 57 份、数据监督 69 次。宁夏属地新冠肺炎疫情期间，纪检组深入银川海关负责的 3 个社区、10 个疫情隔离防控点进行实地监督检查，发现 3 个问题并当即要求整改；派驻纪检组实地检查 23 次。三是明确任务清单，加强对“一把手”和领导班子监督。督促党委制定了相关任务清单；向党委提出意见建议 13 个，派驻纪检组参加隶属海关党委政治生态研判会议 4 次，提出监督建议 3 个，做到了监督在日常、提醒在日常；党委书记及班子成员对各隶属海关、职能部门“一把手”廉政谈话实现全覆盖，共谈话 36 人次；加强干部选拔任用工作全过程监督，对 2021 年提任及交流任职的处、科级领导干部开展任前廉政谈话 50 人次。

倾力“专项整治”，重点突出整治成效。一是动员部署注重广度。开门搞整治，寄发信函 182 封，在管理网开设专栏，“今日头条”向社会广而告之，提高知晓率和参与度；组成6个调研小组对21家有代表性的进出口企业进行实地走访，发放调查问卷22份，深入了解情况，听取意见建议。二是全面自查注重深度。自查阶段不漏一人，全面排查风险。核查63名领导干部亲友从业及65名离岗离职人员再就业情况，排查12360热线、“一案双查”情况；确定廉政风险点35个，重点关注对象12人；全面起底信访举报87件和问题线索61件，涉及现场监管与外勤执法领域10件，对其中3件进行补充核实。三是督查检查注重精度。建立工作日志，做到每日有记录、每周有汇总、每半个月有专报，定期通报、公示；每月形势分析及工作督查例会安排2个单位交流经验、传导压力；纪检组长走访自治区纪委监委五室4次，通报工作开展情况，在执纪审查工作中与自治区纪委监委、兄弟海关开展交流合作。四是整改落实注重力度。对照实地检查反馈和全面自查发现问题，研究制定整改措施24项，“一关一策”开展2次督导检查。结合业务部门和隶属海关不同特点制定“三个清单”，具体问题立即改，长期坚持问题每月公示，推动专项整治成果长效化；督促制修订9项制度，力求常治长效。抽调6人次参加总署专项整治实地检查，既完成工作任务，又学习经验、增长见识、拓展思路，纪检监察干部整体能力得到进一步提升。

【执纪问责】2021年，银川海关坚持全面从严，规范执纪精准问责。一是严肃执纪，提高办案质量。2021年收到信访举报2件，均已办结；对专项整治起底的3件问题线索进行补充核实。二是严肃问责，强化责任追究。对在巡视整改中自查发现的违规报销外勤执法误餐补助的情况进行严肃查处和问责处理，给予相关单位党委通报批评和2名主要领导同志责令检查，对3名相关责任人予以责任追究。落实上一轮巡视指出未完成的责任追究1件。三是严肃纪律，促进巡视整改。召开3次专题会议研究巡视整改监督工作，在做好本部门整改的同时，安排专人负责督促整改监督，制订专门监督方案，与政工、人事、督审等部门联合监督，共同督促检查，推动关区立行立改问题全面销号，长期坚持问题台账清楚、措施具体、落实有力。

【以案促改】2021年，银川海关教育与监督有机结合，持之以恒正风肃纪。一是开展经常性警示教育。组织召开6次廉政警示教育大会，编印相关制度文件240册，开展全员纪法知识培训3次；发放调查问卷134份，收集问题和意见建议6条，形成1份分析报告。二是加强信息化平台建设。认真做好监督执纪问责系统运行应用；加强“海关内部控制与监督子系统”的学习和应用，拓展发现问题渠道；动态更新干部廉政档案，为实施精准监督提供支持。三是强化派驻监督。把原来由派驻纪检组负责的4个事业单位的监督工作，安排1名二级巡视员主抓，监察室协助开展工作；派驻纪检组主要负责4个隶属海关的日常监督，常驻银川河东机场海关，全年巡回驻点其他3个隶属海关时间不少于1个月，每月形成工作专报，并进行年度工作考核。

队伍管理

【概况】2021年，银川海关坚持以习近平新时代中国特色社会主义思想为指导，深入贯彻党的十九大和十九届历次全会精神，认真贯彻党的建设总要求和新时代党的组织路线，严格落实干部人事工作相关要求，努力锻造“政治坚定、业务精通、令行禁止、担当奉献”的准军事化纪律部队，为建设社会主义现代化海关提供坚强的组织保证。

【干部人事管理】2021年，银川海关严格按照干部人事管理工作相关要求，结合各项重点工作实际，认真开展干部管理各项工作。

在新冠肺炎疫情防控组织保障方面，及时做好疫情防控应急支援梯队人员的动态调整，积极参与地方新冠肺炎疫情防控，协调安排干部职工支援社区防疫，加强疫情内部防控，及时梳理排查关区干部职工及家属健康状况和外出人员情况，建立离宁外出人员审批报备机制，组织外出返回人员按照“应检尽检”“愿检尽检”要求做好检测工作，持续保持队伍人员身心健康和良好工作状态。

在干部监督工作方面，严格工作程序、强化群众监督，认真执行领导干部个人有关事项报告制度，加大政策宣传力度，对填报和查核数据进行认真核实和比对，根据总署要求开展抽查核实专项验核，不断提升申报工作质量，全年开展重点查核、随机抽查、查核验证工作6批次，查核干部14名，2021年，银川海关领导干部个人有关事项如实报告率继续保持100%。

在干部考核工作方面，落实海关平时考核工作，用好全国海关队伍建设管理平台“三位一体”考核系统，认真开展新冠肺炎疫情防控专项考核，深入基层一线，将考察掌握的干部现实表现和一贯表现相结合，通过平时考核、年度考核、专项考核和干部考察等渠道，全方位、近距离了解、识别、评价干部。

在干部正向激励、关心关怀工作方面，注重对在日常工作和专项工作中表现突出、成绩优异的集体和个人及时给予表彰奖励；落实对一线干部的关心关怀，组织召开执法一线科长座谈会，开展科级及以下干部交流机制调研，深入了解基层干部工作生活情况，倾听意见建议；同时，按照总署工作部署做好执法一线科长互派锻炼推荐、“百名优秀执法一线科长”评选等工作。

在工资福利保险工作方面，积极办理养老保险清算事宜，配合财务处做好职业年金虚账记实相关工作；对调入、新录用、职务职级晋升以及调整工作岗位的干部及时兑现相关待遇，完成2019年7月至2021年11月职级序列津贴补贴补发工作；积极协调、联系地方社保及相关部门，及时跟进了解福利待遇相关政策规定。

【人才队伍建设】2021年，银川海关成立党委人才工作领导小组，坚持“好干部”标准，突出业绩导向，全年共选拔任用处科级领导干部6批次25人，优化了隶属海关班子配备；开展2批次26名干部职级晋升，落实专业技术类公务员职务与职级并行制度；建立科以下青年人才库，多措并举、积极推进执法一线科长队伍建设，选优配齐执法一线科长队伍；加强干部岗位交流，全年交流处科级领导干部26人，促进银川海关机关和隶属海关之间、隶属海关和隶属海关之间人员流动，树立用人导向，激发了各级干部干事创业的积极性，同时促进干部队伍结构日趋合理。

【教育培训】2021年，银川海关科学规划课程体系框架，分步有序落实教培任务，制订印发《银川海关2021年干部培训实施方案》，确定考核目标和培训内容，详细设置课程体系；以集中调训为示范引领，营造教育培训良好氛围，组织关区处级干部23人及执法一线科长11人参加中国海关管理干部学员集中调训；以学时学分为基本目标，完成总署干部培训110学时和100学分“双考核”的目标要求；加强干部培训管理，保障培训质量，建立“小教员”工作机制，严格学员签到、现场纪律、课后评估，切实提高培训工作质效。

第三篇

业务建设

法治建设

【概况】2021 年，银川海关以习近平新时代中国特色社会主义思想为指导，全面贯彻落实习近平法治思想和中央全面依法治国工作会议精神，自治区党委全面依法治区工作会议精神，增强“四个意识”、坚定“四个自信”、做到“两个维护”，统筹推动全国海关法治工作会议各项决策部署落地落实，扎实推进新时代银川海关法治建设。

【法规管理】全力配合开展立法工作。围绕改革发展、新冠肺炎疫情防控等立法需求，积极参与总署和自治区推进的《中华人民共和国国境卫生检疫法》《宁夏回族自治区优化营商环境条例》等法律和地方性法规的制修订工作，及时反馈意见建议。

认真组织立法后评估。结合执法实践，从是否与上位法抵触、是否适应改革要求、内容是否过时 3 个方面对 24 项规章、行政解释进行评估，向总署提出意见和建议 14 条。

加强规范性文件审查。按照总署规范性文件合法性审查的标准和范围，对 2021 年印发实施的 1 份公告进行合法性审核并及时向总署报备。认真开展涉及行政处罚内容的规范性文件清理工作。

持续推进关区制度建设。法规部门发挥协调联动和把关审核作用，组织实施常态化的制度“立改废”，全年制修订制度共 16 项，废止制度 5 项。开展规范基础业务专项整治活动，深入各隶属海关、事业单位调研指导，对被调研单位制度规范建设、订立民事法律合同等方面存在的问题提出改进意见。

强化合同审核管理。对民事合同实施经财务部门、法规部门、法律顾问审核的监督检查机制，夯实主体责任，防范和化解合同的法律风险。全年审核各类合同、协议共 88 份。

【法制协调】2021 年，银川海关持续深化行政审批制度改革。全年承接取消了“报关企业注册登记”和“进出口商品检验鉴定业务的检验许可”两项海关行政审批事项，及时调整门户网站海关行政审批事项目录及服务指南。全年办理行政审批 19 项，确保“零超时”“零差评”。

深化“证照分离”改革，进一步激发市场主体发展活力。对14项涉企经营许可事项按照直接取消审批、审批改为备案、实行告知承诺、优化审批服务4种方式分类推进审批制度改革，要求严格按照列明的改革举措和审批要求办理，并加强事中事后监管。在门户网站公布改革内容、设定依据和改革依据、许可条件、材料要求、办理流程、办理方式、监管措施等具体内容，帮助企业尽快适应新的审批要求，持续释放改革红利。

全面推行行政执法“三项制度”。加强对执法一线的督促指导，对隶属海关“三项制度”落实情况开展专项调研，主动了解“三项制度”执行情况、主要问题和实际需求，重点提醒执行中的关键环节，促进一线关员准确把握、正确执行。

有效规范行政执法行为。组织《中华人民共和国行政处罚法》解读专题讲座，通过新旧条文的对比和典型案例分析，讲解修订的主要内容，推动干部职工检视执法工作，依宪依法依规履职。落实行政执法案例指导制度，选取了关区近年来发生的行政处罚典型案例汇编成册，以具体案例为载体，引导关警员执法行为规范运行。

持续提升行政复议应诉工作能力。认真学习总署有关情况的通报，对案件中暴露出的行政执法普遍性、代表性、典型性问题进行深入分析，发挥案件反哺作用，指导各隶属海关防范相应风险，查找不足，补齐短板。与全国海关行政诉讼第三协作区成员单位开展业务交流、案例分享、线上联学，加强行政复议诉讼能力。

【法治宣传】2021年，银川海关坚持领导带头，切实尊法学法。切实发挥领导干部“关键少数”作用，2021年党委理论学习中心组学习法律法规、党内法规5次，严格落实领导干部学法制度。组织各级领导干部深入学习贯彻习近平法治思想，参加海关系统学习宣传贯彻习近平法治思想网上专题班，通过40学时的课程学习，深刻理解习近平法治思想的核心内涵，吃透基本精神、把握核心要义、明确工作要求，自觉用于武装头脑、指导实践。把习近平法治思想宣传同普法工作结合起来，开展2021年“宪法宣传周”系列宣传活动，先后举办专题讲座、宪法诵读、宪法宣誓等活动，发放各类普法资料400余份，推动习近平法治思想进企业、进农村、进机关、进网络，向基层延伸、向群众贴近。

认真落实“谁执法谁普法”普法责任制。印发2021年银川海关法治宣传教育工作方案，制定公布两级普法责任清单，明确普法责任，细化普法措施，形成普法工作合力。通过门户网站、“银川海关12360”微信公众号发布与海关履职相关法律法规规章的解读，在执法活动和处理各类行政争议活动中开展“嵌入式”普法，主动释法析理，促进海关执法人员和行政相对人快捷理解、熟悉掌握。

开展重要节点法治宣传教育。抓住“全民国家安全教育日”“8·8海关法治宣传日”“12·4国家宪法日”等重大节点和重要纪念日，通过普法宣传海报、法律知识手册、竞赛、微动漫、微视频等方式强化宣传，推动宪法法律进机关、进企业、进农村、进校园、进网络，营造了尊法学法守法用法的浓厚氛围。

业务改革与发展

【概况】2021 年，银川海关认真落实总署关于全面深化改革的部署和要求，在银川海关党委重视和正确领导下，结合关区实际，扎实推进改革发展各项工作，增强业务协同，强化支撑保障，关区服务发展水平和监管效能不断得到提升。持续深化“五项创新”改革，不断提升通关便利化水平。全力推广“两步申报”“提前申报”改革举措，将海关监管环节进一步“前推后移”，不断拓展改革覆盖面。落实“两轮驱动”风险防控具体要求，实现以随机抽查掌握风险防控覆盖面。实现“两段准入”监管作业改革落地生效，助力关区大宗货物快速通关。贯彻“两类通关”改革，完成 C 类快件纳入货物的一体化通关管理工作。持续推进“两区优化”政策落实，大力推进综合保税区“四自一简”等政策落地，让企业充分享受到改革政策红利。通过各部门的齐心协力，关区各项业务改革有条不紊持续推进，在很多方面取得了较好的成效，进一步提升了海关把关服务能力，为促进贸易便利化和自治区高水平开放高质量发展提供了有力保障。

【业务改革协调】2021 年，银川海关积极选派关员参加由宁波海关作为组长单位的总署“深化完善‘两步申报’工作组”工作，进一步优化“两步申报”操作流程。在工作中，根据综合司布置的研究方向，开展专题研究，提出意见建议，配合牵头海关完成了“单一窗口及 H2018 系统中对两步申报报关单及时完成完整申报提示”研究的报告。

【通关运行管理】2021 年，银川海关为解决出口企业一直反映的“落货改船”流程繁琐问题，综合业务一处多渠道与兄弟海关沟通协调，并将问题积极向总署综合业务司进行反映。推动 H2018 系统相关功能上线，妥善解决关区企业“落货改船”难问题，进一步降低企业通关成本。

协调乌鲁木齐海关解决“9710”“9810”模式下出口公路运输货物整体通关时间较长的问题。沟通后乌鲁木齐海关对该类出口货物运抵报告发送时间进行了调整，在极大压缩出口公路运输整体通关时间的同时，解决了出口跨境电商企业的部分后顾之忧。

【贸易管制与技术规范】 2021 年，银川海关积极组织各相关部门及单位开展申报工作，严格审核所申报项目，确保申报工作在规定时限内顺利完成。当前，银川海关所申报的 5 项项目皆由综合技术中心申报，申报内容涵盖了动检、植检、食品的技术规范、测定及鉴定方法等方面。

根据总署相关部署开展濒危物种禁限管理调研工作，积极向总署献言献策，对“非《进出口野生动植物种商品目录》物种证明”存在及其签发范围稳定的必要性、“白名单”管理及长期进口相同商品的企业实施“一证多次使用”的可行性提出银川海关建议。

开展 2021 年度国外技术性贸易措施影响调查工作，组织涵盖农食产品、机电仪器、化矿金属、纺织鞋帽、橡塑皮革、玩具家具 6 大行业的 63 家企业配合调查。形成《宁夏 2020 年国外技术性贸易措施对出口影响调查报告》和《宁夏 2020 年国外技术性贸易措施对出口中药材产品影响调查报告》上报总署。

【知识产权海关保护】 2021 年，银川海关结合总署关于知识产权工作部署和自治区知识产权宣传周活动安排，认真落实关区“龙腾行动 2021”工作方案，积极组织各隶属海关开展知识产权宣传周活动，通过“线上+现场”的方式，在各业务现场进行广泛宣传；加强与兄弟海关的合作，组织参加跨关区执法业务研讨会，在执法协作方面达成共识；积极参加自治区知识产权局举办的大型宣传活动，发放宣传手册，宣讲相关政策，现场答疑解惑，提升社会公众对知识产权海关保护的认知，切实增强知识产权保护意识。

根据总署关于知识产权保护工作部署要求，结合关区实际，分析总结近年来知识产权工作，研究制订关区 2021 年知识产权保护专项行动（代号“龙腾行动 2021”）工作方案，细化工作目标、举措、任务，力争 2021 年关区知识产权保护工作有所突破。

为促进关区跨境电商业务健康发展，培育树立本地企业知识产权保护意识，综合业务一处积极对接跨境电商出口企业，根据企业生产类型及需求，对出口服饰类产品常见侵权类型进行了介绍，倡导企业树立自主品牌意识，引导企业积极申请知识产权海关保护备案。后续我处将持续跟进指导企业进行知识产权保护，开展知识产权培塑。

积极开展跨关区知识产权执法协作交流，2021 年度通过线上模式与深圳海关、贵阳海关、西宁海关、兰州海关就非贸渠道侵权手段、保护手法以及企业培塑展开交流。

特殊监管区域管理

【概况】2021年，银川海关始终坚持以习近平新时代中国特色社会主义思想为指导，坚决贯彻落实习近平总书记重要指示批示精神，积极促进海关特殊监管区域高水平开放高质量发展。

深入推进国发3号文落实。增值税一般纳税人资格试点政策初显成效，综合保税区6家企业获试点资格；简化进出区、便利货物流转等政策惠及企业36家，大幅减少了企业的通关成本、时间成本和运行成本，提升了海关监管效能，助力综合保税区发展。主动配合开展2020年度综合保税区绩效评估工作，为自治区商务厅提供绩效考核政策解读服务，敦促自治区商务厅、银川综合保税区管委会及时提交资料、完善内容，多次与总署自贸区和特殊区域发展司沟通对接，跟进评估进展、跟踪评估结果。

撰写综合保税区高质量发展和绩效评估专题报告，获时任宁夏回族自治区党委书记陈润儿批示，并向自治区党委政府报送信息、专报，深入分析银川综合保税区现状，详述绩效评估结果。联合综合保税区管委会举办“适合入区指引”政策宣讲会，宣传覆盖自治区20余家政府单位及百余家企业。规范高效完成石嘴山保税物流中心（B型）延续有效期审批。制定出台《中华人民共和国银川海关公告》（2021年第1号），在综合保税区内全面复制推广“跨境电商零售进口退货中心仓模式”。

税收征管

【概况】2021年，银川海关始终坚持以习近平新时代中国特色社会主义思想为指导，坚决贯彻落实习近平总书记重要指示批示精神，不断提高政治站位，强化政治担当，全面履职尽责，推进业务改革，提升征管水平，进一步推动关税业务工作再上新台阶。

2021年，银川海关不断强化税收征管水平，全年累计税收入库2.29亿元，超额完成全年2.1亿元税收入库目标；主动参与税政调研工作，全年共向总署关税征管司报送4条调整建议，被国务院关税税则委员会采纳并调降税率2条；积极推进属地纳税人管理，完成30家重点税源企业、6家报关企业底账设立，4家“双特”企业台账设立；不断完善税收风险防控制度，进一步提升非贸税收征管管理效能，全年B类快件征税率11.27%，持续释放原产地证书优惠政策红利，全年共签发各类原产地证书5,994份，涉及出口货物价值9.97亿美元。

【税则税政】2021年，银川海关着眼自治区九大产业发展需求，立足海关职能优势，主动参与税政调研工作，年内共向总署关税征管司报送4条调整建议意向。其中，风电制造设备进口税率调整建议被总署关税征管司列入“2021年度税政调整建议重点行业调研清单”，由上海税管局和福州海关牵头，银川、拱北、上海、南京等海关共同参与，开展全国范围的重点行业调研。

2021年12月13日，国务院关税税则委员会发布《关于2022年关税调整方案的通知》，根据《2022年进口商品暂定税率表》，由银川海关参与上报的《关于风力发电行业税政调研报告》中提出“新增风力发电机组用高速轴联轴器（技术指标：扭矩保护值160kNm ~1,000kNm）进口暂税”建议通过审批并被采纳，现商品名为“高速轴联轴器（风力发电机组用），扭矩保护值为160kNm ~1,000kNm”（商品编码848360000）2022年进口税率由8%降至4%。现商品名为“橡木制大桶、琵琶桶、盆和其他木制箍桶及其零件，包括桶板”（商品编码44160090）2022年进口税率由12%降至5%（暂税）。

【税收征管】2021年，银川海关认真贯彻落实总署税收工作部署，不断强化税收征管水平，为实现关区“依法征税、科学征管、量质并举、持续发展”的综合治税工作目标提供更加坚实有力的保障。全年累计税收入库22,947.87万元，同比下降39.33%，其中：关税7,258.63万元，同比增长48.73%；进口环节税15,689.24万元，同比下降52.37%。进境B类快件报关单94,184票，总货值2,810.38万元，征收行邮税款80.84万元，查验报关单2,062票，征税报关单10,610票。主要应税商品为奶粉、保健品、日用品、食品等物品。跨境电商平台宁夏某外贸公司开展跨境电商网购保税（1210）进口业务，进口跨境电商清单票数3,427票，价值70.35万元。

办理关税保证保险备案23票，其中22票为征税要素担保，1票为“一保多用”关税保单。

【属地纳税人管理】2021年，银川海关积极推进属地纳税人管理，一是积极参加全国海关属地纳税人管理业务培训，持续推进属地纳税人管理制度，加强对属地企业合规申报的引导与管理，针对关区重点税源企业，通过政策宣讲、电话沟通、实地调研等多种方式加强与关企之间的联系，引导企业合规申报。二是2021年11月24日发布《银川海关推进落实属地纳税人管理工作实施方案》，完成30家重点税源企业、6家报关企业属地纳税底账设立。利用新海廉系统（HLS2017）等技术手段对属地企业规范申报情况进行监控，定期分析关区重点税源企业的经营状况、异动信息等，同时按照企业税收政策落实情况、税收征管改革参与情况等，进行企业底账动态维护、持续管理。三是建立关区“双特”企业台账。

【税收风险防控】2021年，银川海关不断完善税收风险防控制度，进一步提升非贸税收征管管理效能，加强涉税查验工作。一是建立参考价格资料库，收集整理本关区快件主要进境物品价格资料，依法开展价格审定工作，按规定对涉嫌伪瞒报价格、商品品名、规格型号等涉税要素的情形进行现场处置。二是进一步规范企业申报，加强快件申报单审核，提高申报准确率，引导行政相对人守法自律。加大税收风险研判与风险布控，定期监控税收征管情况，发布快件征税情况通报4篇，切实提高快件征税率。三是优化非贸税收征管机制，2021年8月18日发布《银川海关关于强化进境物品税收征管工作的通知》，力促实现制度完善与征管效能的协调统一。优化非贸税收征管工作得到总署关税征管司肯定，相关措施在相关内刊中作为经验交流材料向全国发布。

【原产地管理】2021年，银川海关持续释放原产地证书优惠政策红利。2021年共签发各类原产地证书5,994份，涉及出口货物价值9.97亿美元。其中，共为银川关区出口至RCEP成员方的产品签发原产地证书 1,755 份，签证金额 2.15 亿美元。通过在线培训答疑、线上交流调研、组建 RCEP 政策宣讲小组、推送政策解读文章、线下上门走访等“线上+线下”方式持续开展 RCEP 宣传贯彻培训，扩大培训范围，并“一对一”“点对点”对重点行业、重点商品和重点企业进行宣传贯彻指导，为辖区企业熟悉和掌握 RCEP 原产地规则和关税减让成果提供精准服务，结合“我为群众办实事”实践活动开展“送政策上门”，助力企业搭乘“RCEP 红利快车”。

持续推进原产地签证系统智能审核功能，关区 80%以上的原产地证书实现了系统智能审核，申报规范准确的原产地证书审签时间缩减至“秒”级；继续推广原产地证书自助打印等便利措施，实施企业自助打印、证书寄递、预约办理等一系列惠企举措，相继实现 18 种原产地证书“零见面”自助打印。共引导关区企业自助打印原产地证书 1,649 份，涉及签证金额 2.79 亿美元，企业自助打印份数和金额同比分别增长 60.56%和 109.90%，原产地证书申领实现“零延时”。现关区原产地证书智能审核率达 80%以上。

口岸监管

【概况】2021年，银川海关坚持以习近平新时代中国特色社会主义思想为指导，坚决贯彻落实中央决策部署。筑牢国门安全准入防线，制定相关作业安全指引，开展专题业务培训7次、业务规范性检查16次，制发点对点整改通报9篇，驱动口岸一线工作能力不断夯实；聚焦寄递渠道精准发力，专题研究快件监管及税收征管存在的薄弱环节，总结7项措施规范快件监管链条形成闭环。把好意识形态关，制订关区“扫黄打非”工作方案，认真落实总署工作要求，积极配合自治区党委宣传部完成专项行动任务。组织关区口岸反恐应急演练，持续做好严厉打击“洋垃圾”、象牙等濒危野生动植物及其制品走私工作。全面开展安全生产集中攻坚，组织成立关区安全生产工作领导小组，开展安全生产检查6次，开展“安全生产月”“安全生产法”学习等活动，在全关区形成人人负责守责尽责的良好氛围。严格落实口岸新冠肺炎疫情防控各项要求，全年开展口岸“人、物、环境同防”监控检查238次，发现并通报问题29项；组织开展高非冷货物采样、预防性消毒监督业务培训；完善口岸卫生检疫区域设置，落实污染控制要求；压实企业主体责任。巩固拓展口岸疫情防控和促进外贸稳增长成效，聚焦跨境电商新业态创新发展，完成公铁物流港、综合保税区2家跨境电商海关监管作业场所审批；复制推广“简化申报、清单核放、汇总统计”便利化措施，“手把手”指导电商企业完成2个海外仓备案；支持综合保税区跨境电商O2O体验店开通“网购保税+线下自提”业务模式；全力支持中国—阿拉伯国家博览会成功举办。设立绿色通道，明确物资验放流程，宣传税收优惠政策，选派业务骨干驻场监管服务；支持设立跨境电商新零售展区，实现博览会“网购保税+即时配送”线上线下融合发展。深化业务改革创新，不断提升监管效能，推进关区智能审图应用率最高提升至87.4%；完成15台CT机、X光机、核与辐射探测设备联网集成；购买自助健康申报一体机，推进关区进境人员健康申报电子化；不断完善二级监控指挥中心功能，完善监控摄像头管理规范，优化考核机制，建立日常监控检查工作机制，全年监控摄像头在线率均保持在95%以上，业务运行监控指挥平台已在全关范围广泛运用。

风险管理

【概况】2021 年，银川海关风险管理工作立足新发展阶段，贯彻新发展理念，推动构建新发展格局，坚持系统观念，全面践行总体国家安全观，以提升监管效能为目标，坚持风险整体防控与精准防控有机结合，坚持情报驱动与大数据支撑同向发力，毫不放松做好常态化疫情风险防控；开展关区“洋垃圾”风险态势分析，紧盯境外高风险涉固体废物货物物流源头，实施监控分析与风险处置；围绕象牙、穿山甲、犀牛角等濒危物种及其制品走私风险，加强对货物、企业、航线、口岸运输工具等综合分析研判；针对涉恐涉暴、政治类出版物、毒品等重大风险，开展相关专项风险防控；推进非贸风险一体化防控，监控核心指标，紧盯人工分析布控查获率，侧重提升高质量查获水平；强化海关风险情报信息工作，推进情报信息交换合作，不断完善海关业务风险防控协同机制，努力推动海关风险管理工作高质量发展。

【风险信息情报】2021 年，银川海关出台相关办法，进一步规范和加强风险情报收集报送。推进情报信息交换合作，提升情报信息的及时性、准确性、目的性和有效性。加强风险态势分析。聚焦安全准入风险，围绕国家政策调整，做好重点领域、重点渠道、重点商品风险态势分析，强化态势分析后续成果转化。

【风险预警】2021 年，银川海关聚焦重点领域安全准入风险、案值较大税收风险，加强专题风险态势分析，推动预警成果转化。完善态势分析向预警转化、布控转化、移交处置机制。畅通与其他业务部门风险预警联系配合，发挥风险防控协同机制作用，有效统筹各业务部门需求，突出风险预警整体效能。

【风险分析处置】2021 年，银川海关规范人工风险分析精准布控，聚焦银川海关风险现状，重点关注党中央、国务院决策部署和重大国门安全，强化“洋垃圾”、濒危野生动植物及其制品、疫病疫情、涉恐涉暴、毒品、知识产权侵权等重大风险的分析力度，不断提升风险分析能力，持续做好布控规则监控评估，及时调整优化布控规则，保持人工分析布控工作总体平稳，确保人工分析布控查获率稳步提升。2021 年，银川海关普货人工风险分析出口查获率 37.5%，普货人工风险分析进口查获率 25%；银川海关快件高质量人工分析占比 3.4%；银川海关跨境电商进口人工风险分析布控有效率 66.67%。

2021 年，召开两次银川海关风险管理委员会暨业务风险防控协同领导小组会议，听取风险管理相关工作汇报和需研判的业务风险，经集体讨论研究后，提出解决方案并指导隶属海关执行。

制订相关工作的方案，做好银川关区高风险进境航班布控与终末消毒监督工作，明确工作流程，规范各环节操作，确保对高风险航班终末消毒工作监督到位。

推进风险防控一体化。紧围绕各领域风险一体化防控主线，开展跨渠道风险一体分析、一体防控。推进“人、物、环境同防，拓展以人为单元的风险防控，建立关区高风险库和一般风险库。

【口岸风险联合防控】2021 年，银川海关按照相关备忘录协定内容，9 月 17 日召开宁夏口岸安全风险联合防控联席会议，以维护宁夏口岸安全为要务，以提升口岸安全风险联合防控能力为核心，以进出境运输工具、货物、物品及入出境人员为重点防控对象，加强信息共享、强化联合研判、密切协同配合，构建常态化的宁夏口岸安全风险联合防控机制，形成口岸安全风险联合防控合力，精准、高效地处置口岸安全风险。

卫生检疫

【概况】2021 年，银川海关始终坚持以习近平新时代中国特色社会主义思想为指导，深入贯彻落实党的十九届六中全会精神和习近平总书记关于新冠肺炎疫情防控工作重要讲话和指示批示精神，坚持新冠肺炎疫情“外防输入、内防反弹”总策略不放松，坚持“动态清零”总方针不动摇，锲而不舍、一以贯之，从严从紧落实新冠肺炎疫情防控各项工作要求，以口岸核心能力建设为抓手，全面推进卫生检疫各项工作有序开展。

【检疫管理】2021 年，银川海关共监管出入境包机 2 架次、出入境人员 408 人，新冠病毒核酸检测结果均为阴性。

银川海关党委坚持将新冠肺炎疫情防控工作作为当前一段时期的重要政治任务，关区主要负责同志靠前指挥，严格履行“一把手”主体责任。银川海关统筹口岸疫情防控和促进外贸稳增长工作指挥部召开专题会议 30 次，第一时间传达疫情防控要求，第一时间批示安排办理各项文件要求，第一时间研究部署具体工作、解决重大问题。结合关区实际情况，制修订新冠肺炎疫情防控预案、方案 20 个，并按照“一机一策”原则制订完善包机保障工作方案。按照总署疫情与风险研判工作组任务分工，累计报送阿塞拜疆等 6 个国家新冠肺炎疫情风险研判报告 365 篇。严格按照总署印发的技术方案、操作指南及相关文件要求，严格落实“三查三排一转运”和“7 个 100%”要求，严格落实客运航空器终末消毒监督工作指南要求，确保规定动作 100% 执行到位。进一步优化完善银川河东机场 T1 航站楼二楼现场区域设置，实现远程电子流行病学调查和旅客通关子系统卫生处置，进一步完善口岸卫生检疫流程电子化流转。成立银川海关新冠肺炎疫情防控安全防护领导小组，主要负责人任组长，建立安全防护监督员队伍，按照直属海关、隶属海关、科室（作业班组）3 个层级制定工作机制，细化分级管理，明确责任分工；设立工作班组安全防护监督岗，联合多部门以多种形式开展安全防护专项督查 9 次，发现 14 条问题，并对督查发现的问题及时督促整改；进一步健全“培训考核、监督管理、自查督查”

三位一体安全防护体系，落实“岗前检查、工作巡查、全程督查”“双人作业、互相监督”安全防护监督制度；切实压紧压实“一把手负总责、业务条线各负其责、一线部门具体负责”的安全防护责任。全力推进关区新冠病毒疫苗接种。在临时包机保障结束后开展2批次临时包机入境保障人员集中封闭管理，由自治区应对新冠肺炎疫情工作指挥部统一管理，结合航班实际情况，共对参与临时包机保障的14名关员及14名支援人员进行“N+14+7”集中封闭管理。主动与自治区应对新冠肺炎疫情工作指挥部积极沟通协调，积极争取自治区卫健委专业技术人员、样本运送车辆，新冠病毒核酸检测能力支持，制订中国电建滞留沙特阿拉伯员工第二架包机口岸入境检疫工作组工作方案，进一步明确了各部门工作职责，细化完善了各环节衔接配合流程，对入境人员严格实施闭环管理。扎实开展培训演练，2021年，累计组织开展安全防护培训5期、安全防护监督员专项培训1期，累计培训400余人次；开展旅客通关子系统卫生检疫模块培训2次，开展新冠肺炎疫情上报专题培训3次。参与联防联控机制全流程演练1次，直属关层面组织开展入境航班新冠肺炎疫情防控全流程应急处置演练2次，指导隶属海关开展疫情防控应急演练10次，涉及入境航班新冠肺炎疫情防控全流程、职业暴露、样本溢洒等内容，切实增强了一线关员新冠肺炎疫情防控能力。

【疾病监测】2021年，银川海关不断提高卫生保健中心实验室疾病监测能力。一是高度重视实验室质量管理。完善实验室各类检测项目室内质控工作，2021年，参加国家卫健委临床检验中心组织的2次新冠病毒变异株和3次新冠隔离点室间质评，参加自治区临床检验中心组织的3次新冠病毒核酸检测室间质评，结果全部合格。二是大幅提升实验室硬件配备水平。口岸移动方舱PCR实验室顺利投入使用，大大提升了口岸新冠病毒核酸检测的时效性。实验室引进一台数字PCR仪，引进全自动核酸提取仪和扩增分析仪各一台，进一步丰富了技术手段，提升了新冠病毒核酸检测效率。顺利完成了口岸媒介生物实验室验收工作。三是不断提升实验室工作人员素质。组织参加自治区临床检验中心开展的PCR上岗培训共6人，参加生物安全应急演练、职业暴露应急演练、实验室生物安全应急演练、检测技术、安全防护等各类疫情防控技术培训24次。四是强化安全防护。制定个人安全防护制度、采样和实验室检测操作流程、健康管理方案26个，每日对一线检疫人员及采样环境进行新冠病毒核酸检测，定期开展安全防护自查，立查立改，未发生因操作不当导致的职业暴露感染。

【卫生监督】2021年，银川海关一是持续做好口岸卫生监督，切实保障口岸公共卫生安全。结合银川海关口岸卫生监督工作实际，制订银川海关口岸食品安全抽检实施方案、国境口岸卫生监督工作实施方案及“双随机、一公开”抽查方案，严格按照方案开展相关工作。2021年度，银川河东机场口岸辖区内共有7家单位，其中食品流通企业2家（B级1家、未分级1家），二次供水单位1家，存储场地1家，公共场所3家（含住宿业1家）。全年开展日常卫生监督42次，其中对存储场地实施日常卫生监督4次、对公共场所（含住宿业1家）实施日常卫生监督22次、对二次供水单位实施日常卫生监督4次，开展固体液体废弃物日常卫生监督12次，快速检测0次，发现问题0次。开展公共场所微小气候监测4次；开展“双随机、一公开”监管企业8家，网站公示8家；开展饮用水监测抽样32份、公共场所抽样检测24份、冷凝水1份，均无不合格；受理国境口岸卫生许可4件，其中首次申请办理卫生许可1件，办理注销申请2件，办理延续申请1件，逾期办结0件。二是口岸病媒生物的监测与控制更加规范。银川海关在银川河东机场口岸开展了鼠及体表寄生虫、成蚊、蜚蠊等病媒生物的监测工作。2021年，对鼠类及其体表寄生虫进行监测5次，捕获鼠6只，分别为达乌尔黄鼠1只（16.7%）、长爪沙鼠5只（83.3%），鼠疫耶尔森菌等5种病原体检测均为阴性。鼠夹法鼠密度为0.11%，鼠笼法鼠密度为0.065%，均低于《国境口岸医学媒介生物控制标准》；5—10月份进行成蚊密度监测，捕获成蚊86只（雌性），成蚊密度为0.6只/小时，经鉴定，银川空港口岸蚊类主要为淡色库蚊，未发现新的蚊种，未检测出登革热等8种主要传染病病原体；年内共捕获蜚蠊473只，经种属鉴定均为德国小蠊，蜚蠊密度为0.13只/张，侵害率2.9%，均低于标准。年内，银川海关口岸媒介生物动态监测结果表明，银川河东机场口岸鼠密度、蚊密度较前几年低，这与西部机场集团宁夏有限公司开展灭鼠、灭蚊、灭蜚蠊工作有关，且均未发现病原体，未发现新物种。

【生物安全】2021年，银川海关出入境特殊物品卫生检疫审批0项次，出入境特殊物品通关0批次。根据总署关于推广应用海关出入境特殊物品卫生检疫审批与分析系统工作部署，积极推进海关出入境特殊物品卫生检疫审批与分析系统应用，完成系统授权和测试工作。制定相关作业指南，实现新冠病毒疫苗出口审批、报关审单和现场查验、通关单证审核和口岸验放监管3个24小时。

动植物检疫

【概况】2021 年，银川海关坚持以习近平新时代中国特色社会主义思想为指导，深入学习贯彻习近平总书记视察宁夏重要讲话精神，在总署正确领导下，按照总署动植物检疫司工作部署，提高政治站位，强化基础保障，持续提升自身履职能力，筑牢口岸检疫防线，主动服务自治区经济社会发展，进出境动植检工作在地方经济社会发展中的作用进一步提升。

【进出境动物检疫】2021 年，银川海关助力关区首家进境种牛隔离检疫场所顺利通过考核。针对关区首次开展进境种牛隔离检疫场建设工作，深入宁夏相关进口种畜公司开展调研，加强技术培训，指导企业完善疫情疫病防控工作方案、新冠肺炎疫情防控措施、内部管理等规章制度，严格按照规定推进进境种牛隔离检疫场建设并通过总署组织的远程视频考核，具备进境种牛隔离资质，成为关区首家具备进口种牛隔离检疫资质的隔离场，将极大便利区内种畜养殖企业对优质种牛的进口，对促进关区奶产业进一步高质量发展具有重要意义。

深入企业助力中卫进境种鸡隔离场通过审核获得隔离场使用证。银川海关深入中卫进境种鸡隔离场开展技术培训，指导完善疫情疫病防疫措施、饲料熏蒸等程序，助力进口种鸡业务顺利开展。

扎实做好供港澳农产品检验检疫。按照总署动植物检疫司出口食用陆生动物安全风险监测计划要求，对辖区 1 家供港澳活牛育肥场实施监控，按计划完成了抽样和检测工作，所有抽检样品的监控结果全部合格。全年供港活牛 17 批，共计 646 头。

【进出境植物检疫】2021 年，银川海关按照总署国门生物安全监测计划认真开展外来有害生物监测。组织实施检疫性实蝇、外来杂草、红火蚁、植物病毒、入境口岸监测等外来有害生物监测工作。在外来杂草监测中首次发现检疫性杂草长芒苋和刺萼龙葵。针对“自治区外来入侵物种普查工作方案”提出了相关意见和建议，为下一步全面开展外来入侵物种普查工作奠定了基础。

在快件渠道首次查获禁止进境植物产

品花粉，经鉴定为野荠、三肋果、罂粟、水飞蓟等7种植物的混合花粉，实现银川海关非贸渠道口岸防控考核零突破。

加强检疫监管，顺利完成关区首次进口美国苜蓿草检疫查验工作。关区首次进口500吨美国苜蓿草，动植检、卫检、风控、口岸监管等部门积极协作，指导隶属海关针对中美议定书、风险布控指令、监管场所、卫生检疫、动植物检疫和个人安全防护等风险点开展风险评估，通过二级监控指挥中心和实地两种方式开展了外来有害生物及病媒风险监测、培训指导工作，并针对疑似有害生物进行取样鉴定，开展外来有害生物监测，确保严格按照总署布控指令要求完成进口苜蓿草的出区检疫查验工作，为宁夏后续进口苜蓿草检疫监管工作提供了基础数据，积累了经验。

扎实做好进口粮食风险防控工作。2021年，监管调运进口加拿大和哈萨克斯坦小麦10,095吨。积极配合自治区粮食部门，做好粮食安全省长责任制考核各项工作。

开展进口澳大利亚燕麦草追溯调查工作。按照总署动植物检疫司工作部署开展进口澳大利亚燕麦草追溯调查，及时向总署提交了相关调查报告，为总署动植物检疫司相关决策提供资料。

加强进出口种子检疫监管工作。年内，开展进口紫苜蓿、玉米、向日葵和番茄等种子调入审核7批次，43吨。

扎实推进动植物检疫能力提升工程。结合关区动植检工作实际，深入一线基层调研，研究制定“银川海关2021年动植检能力提升工程实施方案”并按期完成，进一步提升了隶属海关动植物检疫监管能力。

积极宣传，营造国门生物安全社会共治良好氛围。积极开展“全民国家安全教育日”暨“海关口岸生物安全日”专题宣传教育活动。一是强化动员部署。分管关领导召开宣传动员部署会议，传达学习习近平总书记关于总体国家安全观的重要论述和指示批示精神，并对宣传活动进行部署安排。二是多渠道多形式开展宣传。业务职能处室组织实施，印制手册、海报、图册等宣传资料；各隶属海关通过发放宣传材料、知识问答、播放宣传视频、制作宣传微信公众号、赴企业检验监管等方式积极开展专题宣传教育活动；技术中心组织开展“实验室开放日”活动。三是在机场口岸组织开展主题为“筑牢口岸检疫防线，守护国门生物安全”主题日活动，关领导现场督导宣传落实情况，确保《中华人民共和国生物安全法》、外来有害生物入侵防范、打击非法引进外来物种等重点内容宣传到位。

食品检验检疫

【概况】2021年，银川海关坚持以习近平新时代中国特色社会主义思想为指导，深入学习贯彻习近平总书记视察宁夏重要讲话精神，在总署的正确领导下，提高政治站位，强化基础保障，持续提升自身履职能力，严格落实习近平总书记提出的“四个最严”要求，进一步强化监管、优化服务，抓好进出口食品安全监管工作，确保不出现系统性、区域性食品安全问题，以实际行动做好进出口食品安全工作。

【出口检验检疫】2021年，银川海关贯彻落实习近平主席在中国—中东欧国家领导人峰会上的重要讲话精神。严格执行总署对于贯彻落实讲话精神的要求，银川海关研究制定银川海关贯彻落实习近平主席在中国—中东欧国家领导人峰会上重要讲话精神的工作措施，更好服务国家外交大局和高水平对外开放，推进地方对外贸易高质量发展。一是注重经验积累，加强调查研究。在关区每月形势分析及工作督查例会中将贯彻落实习近平主席在中国—中东欧国家领导人峰会上重要讲话精神作为长期事项听取汇报，督促落实。二是大力推进“三智”国际合作理念宣传。利用银川海关12360公众号、国际贸易“单一窗口”、企业信用培育云课堂等方式开展贸易便利化政策宣讲系列活动。三是挖掘食品农产品向中东欧出口巨大潜力。积极应对国外技术性贸易措施，推动地方扩大对中东欧优势特色食品农产品出口规模。2021年1—11月，宁夏向中东欧出口农产品同比增长34.1%，主要商品包括枸杞、蜂蜜等。

贯彻落实习近平总书记视察宁夏重要讲话精神，积极推进优势特色产业高质量发展。一是按照相关工作要点、工作方案要求，逐一落实，助力优势特色产业高质量发展。二是结合党史学习教育“我为群众办实事”实践活动，分管关领导深入枸杞、蔬菜主产区开展调研，了解出口企业遇到的问题，并组织相关部门研究解决。三是对宁夏、青海等枸杞主产区200批次枸杞样品中400余项农残指标进行风险监测；对贺兰山东麓葡萄酒主产区100批葡萄酒中80项安全卫生指标实施风险监测，为执法监管、应对技术性贸易措施提供技术支撑。四是加强与口岸海关的沟通，开展进口亚麻籽后续监管，办理进口哈萨克斯坦亚麻籽初审 27,441.39 吨，调运 12,873.9 吨。五是落实总署进出口食品安全局关于开展“走出去”企业食品进口监管工作专题书面调研的通知要求，深入企业了解遇到的困难，形成调研报告上报总署进出口食品安全局。

应对国外技术性贸易措施，促进枸杞产业健康发展。2019 年 10 月，欧盟官方对中国枸杞实施加严检验措施，对枸杞产品顺利出口产生较大影响。相关企业反映，枸杞干果通关时间约延长 10 天左右，同时检测成本和仓储费用有所增加。

为此，总署进出口食品安全局高度重视，积极与欧盟官方进行交涉，敦促欧盟对枸杞干果农残问题进行合理评估；银川海关强化监管，督促企业履行食品安全责任；发挥技术优势，开展欧盟法规的风险评估，指导企业提高应对能力。

2021 年 5 月，欧盟委员会卫生与食品安全总司致函总署，宣布解除对中国输欧盟枸杞所实施的加严检验措施，意味着中国枸杞恢复对欧盟的正常出口，这是总署在应对国外技术性贸易措施工作中取得的新突破。

银川海关撰写的《银川海关关于欧盟解除对中国枸杞实施加严检验措施利好我区枸杞出口情况的报告》得到自治区政府、人大、政协领导的批示和高度肯定。自治区现代枸杞产业高质量发展包抓工作机制将该工作列为 2021 年度自治区推进枸杞产业高质量发展“取得重大突破的六项工作”之一；同时此项工作被总署列为“我为群众办实事”实践活动“百佳项目”。

积极开展进出口食品风险监测工作。按照总署风险监测计划要求，制订相关方案，完成动物源性食品和供港蔬菜专项监测。包括羊肉、羊肾、羊肝共 11 个样，蜂蜜 13 个样，供港蔬菜 60 个样。

加强国外通报调查，督促企业落实食品安全主体责任。完成关区 4 批出口红枣的国外通报调查工作，督促企业落实食品安全主体责任，相关情况已报送总署进出口食品安全局。

全面提升进出口食品安全监管队伍素质。一是参加总署组织的进出口食品安全监管系列培训；二是做好加工食品、动植物检疫签证官资质考核认定和备案；三是组织参加“进口冷链食品口岸新冠肺炎疫情防控网上培训班”及进口冷链食品及包装新型冠状病毒检测采样作业操作指引培训。

积极推动“两法”宣传。为确保《中华人民共和国进出口食品安全管理办法》（总署令第 249 号）（以下简称《办法》）和《中华人民共和国进口食品境外生产企业注册管理规定》（总署令第 248 号）（以下简称《规定》）两部规章如期顺利实施，让企业更好地了解法规内容，一线执法人员能更好地运用法规要求做好相关工作，下发通知对宣传贯彻培训工作作出部署。一是组织执法监管人员通过“钉钉”学习平台和网络平台加强对《办法》和《规定》的学习，提高依法行政能力和水平。二是隶属海关通过下场查验、微信公众号、企业服务群、发放宣传材料等方式对食品企业开展宣传贯彻活动。开展现场宣讲22次，涉及企业人员200多人次，在微信工作群推送宣传稿14篇。

积极宣传，营造食品安全社会共治良好氛围。制订食品安全宣传周工作方案，参加总署、自治区和各县市食品安全宣传周活动，开展进出口食品安全监管、打击食品走私等方面宣传。参与活动人数共计400多人。

商品检验

【概况】2021年，银川海关以习近平新时代中国特色社会主义思想为指导，积极贯彻落实总署进出口商品检验工作要求，持续推进进出口商品质量安全风险预警和快速反应监管体系建设，充分发挥风险监测点作用，加强关区非法检出口商品质量安全风险监测；建立健全危险化学品及其包装“点线结合”监管方法，加强安全生产，保障“双人执法”岗位资质需求；加强进口旧机电、出口化肥等重点敏感商品监管。

【进口商品检验】2021年，银川海关完成关区内进口危险化学品、进口旧机电、棉花、医疗器械、食品加工设备等7类产品入境验证以及统计分析工作并报送总署，对其余31种未发生业务的产品进行了零报告。报送进口棉花检验监管模式改革成效，征集报送了隶属海关检验监管过程中发现的不合格案例2例。

【出口商品检验】2021年，银川海关加强监督检查，开展技术交流，解决一线监管难题。开展进出口商品检验监管工作督查，组织兴庆海关、石嘴山海关、中卫海关进出口商品检验监管业务骨干开展了互学互查。通过现场查看各隶属海关工作程序、记录等，对工作中存在的疑难问题进行了深入的研讨交流，进一步统一监管尺度，规范工作程序，提高监管有效性。

落实《海关总署办公厅关于进一步压紧压实进出口危险化学品和危险货物检验监管责任的通知》。按照关领导批示，综三处对关区已开展进出口危险化学品监管工作进行了梳理，并指导各隶属海关严格按照文件要求抓好落实。

深入调研，进一步落实总署关于压紧压实进出口危险化学品和危险货物检验监管责任工作部署。6月2—3日，关长刘世远调研石嘴山关区危险化学品监管工作及“放管服”政策措施落实情况，深入相关企业开展实地调研并召开关企座谈会。

开展2021年度重大政策措施落实情况跟踪督察工作。根据银川海关督察工作要求，组织兴庆海关、中卫海关、石嘴山海关对进出口商品检验工作进行了自查分析，并将相关情况反馈督察内审处。

进出口危险化学品专项督查工作。按

照相关通知要求，逐条梳理自查，并将自查情况和相关问题及建议反馈督察内审处。

组织参加总署2021年进出口危险货物及其包装检验监管培训考核。做好考试筹备工作，组织关员积极报名，做到应考尽考；认真组织学习培训课程，深入了解法律法规、专业基础知识、现场检验技能等；严明考试纪律，考场秩序井然。银川海关2021年组织参加2期考核，共有33人次参加，其中27人合格，合格率为81.8%。

落实进出口商品质量安全风险管理系统上线运行工作。按照要求开展系统用户授权审批工作，组织授权人员积极参加系统使用学习培训和考试，并及时按照要求录入风险信息。

积极参与自治区“质量月”活动。按照相关通知报送活动内容并组织实施。

加强进出口化肥监管工作。总署发布关于调整必须实施检验的进出口商品目录的公告，对涉及出口化肥的29个编码的相关产品实施出口商品检验；国家发展和改革委员会等部门关于做好今后一段时间国内化肥保供稳价工作的通知要求，各地海关要严格按照最新规定对进出口化肥实施法定检验，对进口化肥给予通关便利。

银川海关高度重视此项工作，组织相关部门及各隶属海关对宁夏化肥进出口情况进行了统计并对下一步工作进行了部署，按照最新规定实施出口化肥质量法定检验，为进口化肥通关便利提供技术保障。

加强进口旧机电产品检验监管工作。近期，总署下发了相关通知，针对进口旧机电产品制定了新版布控规则。根据以上要求，为进一步规范进口机电产品检验监管工作，切实履行好海关对进口旧机电产品实施检验的法定职责，银川海关提高政治站位，坚持总体国家安全观，进一步提高对进口旧机电产品检验监管工作重要性、复杂性的认识，进一步加强监管，确保严格按照新版作业要求落实检验监管责任。

积极推进法定检验目录外商品风险监测工作。积极落实《海关总署关于开展2021年度法定检验商品以外进出口商品抽查检验工作的公告》，对宁夏地区法定检验目录外进出口商品进行了统计分析，梳理6,000余条法定检验目录外出口商品报关数据，对节日灯串、玩具、塑料食品接触产品等商品进行重点关注，根据宁夏出口商品实际情况，制订风险监测工作方案。

开展平安宁夏质量工作考核工作。针对《自治区党委、人民政府关于加快推进质量强区建设的实施意见》中涉及银川海关工作内容，银川海关组织相关部门及时提供工作总结及见证性材料，形成质量工作考核报告并梳理出加分项按时报送。

统计分析及政策研究

【概况】2021年，银川海关以统计分析研究职能发挥为着力点，深入贯彻习近平总书记对统计分析研究报告的重要批示精神，切实捍卫“两个确立”、做到“两个维护”，从心怀“国之大者”的立场出发，全面落实总署党委对分析研究工作“快、广、深”要求，紧盯“五个聚焦”，围绕“数据+研究”，思考和分析外贸运行，在服务宏观决策、服务经济发展、服务中心工作、服务事业发展等方面取得新成效。

【统计调查】2021年，银川海关扎实履行统计调查职能，按照总署部署，坚持每月对关区出口先导指数样本企业开展线上问卷调研工作，及时通过系统向总署反馈问卷调查结果，全年共组织关区样本企业完成12期出口先导指数调查，为总署掌握第一手企业出口情况提供可靠信息支撑；根据总署安排，按时、高质量完成2020年进口货物去向使用调查、跨境电商统计调查、保税物流货物进出境情况调研等，为总署决策提供翔实数据支持；注重统计调查工作规范性和调查结果运用，认真梳理出口先导指数样本企业问卷调查中反映的企业出口问题和困难，在报总署、报自治区专报中予以吸纳采用。

【贸易统计】2021年，银川海关加大贸易数据检控、审核、报送工作，加强关区各层面数据审核力度，实现职能部门——各隶属海关统计条线“一盘棋”。多维度筛查贸易异常数据，进行重点分析比对，及时开展核查印证，全年开展数据核查15次，核查有效率为76.4%。积极参与总署月报数据审核专项任务，全年未出现数据报送延迟、缺漏、差错等情况。

【业务统计】2021年，银川海关加大业务统计系统数据检控、审核、报送工作，积极参与总署月报数据核查专项任务，全年未出现数据报送延迟、缺漏、差错等情况。强化业务统计指标监控，对关区业务运行情况进行监控评估。强化业务数据、贸易数据和相关数据的综合比对分析，深入开展货运监管研究，开展货运量、海运集装箱运力运价问题调研，2021年撰写业务分析材料12篇。

【统计监督】2021年，银川海关大力开展数据质量审核，积极参与总署外贸数据月报发布工作小组工作，充分利用系统平台坚持每日开展报关单数据审核，每月开展报关单数据质量监控分析系统数据比对，全年完成21起核查、协查事项。加大业务运行监测力度，每月定期开展关区报关单、货运量、货值等业务数据梳理分析，开展关区业务运行态势分析，为业务运行监测提供依据、为关领导全面掌握业务运行情况、科学合理决策提供信息参考。

【统计数据运用和管理】2021年，银川海关高度重视加强海关统计工作，不断提高政治站位，持续深化对统计工作重要性的认识，积极落实总体国家安全观，紧跟《中华人民共和国数据安全法》出台，多措并举落实学习宣传全覆盖，把安全可控放在首位，持续绷紧数据安全这根弦，不断强化数据安全管理大局意识、红线意识和责任意识。进一步完善数据导出“三专”场所日常运转机制，实现关区数据导出事前有审批、事中可视化、事后能追溯，从源头上确保数据安全管理零差错、无纰漏，年内共办理数据导出事项50余项，为关区各部门提供统计数据190余次。

【统计新闻宣传和服务】2021年，银川海关充分发挥海关进出口货物贸易统计职能，挖掘整理统计数据中蕴含的积极信息，做好统计新闻发布工作，用好外贸数据“晴雨表”，正向引导预期，为外贸量稳质升提供有力舆论支持，年内参加关区新闻发布会2次，在各类新闻媒体发布稿件30余篇次。加大对外提供统计服务审核把关力度，完善提供统计数据的流程和程序控制，规范对地方政府部门的数据服务，依照申请提供数据130余次，与10家单位签署海关数据保密承诺书。

【政策研究】2021年，银川海关围绕党中央、国务院重大决策部署和党中央经济工作会议确定的年度重点工作任务，立足新发展阶段、贯彻新发展理念、构建新发展格局，紧扣海关处在改革开放最前沿和国内国际双循环“交汇枢纽”定位，组织完成署级课题1项；立足海关职能发挥促宁夏开放建设，围绕总署重大决策部署事项、地方开放型经济发展需求，聚焦自治区九大产业，分别与商务厅、中宁县政府座谈，为提供精准进出口统计服务，促进产业发展做好支持保障。

【监测预警】2021年，银川海关坚持外贸分析服务宏观经济运行的结果导向，增强对外贸发展面临诸多因素的统筹思考，对与国际政治及经济贸易关系密切相关的特定国家、特定产品、特定时期、特定条件下的贸易情况保持高度敏锐性，聚焦中央关切，加大进出口监测预警力度，报送统计监测预警信息15篇；加强外贸统计分析服务、宏观经济研究和外贸形势分析，提供海关统计支持，深度挖掘利用进出口数据信息，按月撰写贸易统计分析报告，报自治区党委政府分析报告22篇，获自治区领导批示3次。

企业管理和稽查

【概况】2021年，银川海关企业管理和稽查处在银川海关党委的正确领导下，坚决贯彻落实习近平总书记重要指示批示精神和党中央重大决策部署，围绕全国海关年度企业管理和稽查工作要点以及关区重点工作任务，紧盯直属海关领导班子绩效考核指标，主动作为，各项工作取得较好成绩。

【企业管理】2021年，银川海关贯彻落实《海关认证企业标准》（海关总署公告2020年第137号）。2021年3月1日，《海关认证企业标准》（海关总署公告2020年第137号）正式实施，标志着海关认证标准体系已由“1+5”模式扩展至“1+8”模式，即：1个通用标准+进出口收发货人、报关企业、外贸综合服务企业、跨境电子商务平台企业、进出境快件运营人、水运物流运输企业、航空物流运输企业、公路物流运输企业8个单项标准。针对新标准，银川海关加大政策解读，及时提醒物流运输企业尽快对照新标准进行自我评估和规范改进，要求物流运输企业最晚在2021年3月1日新标准实施前完全符合新标准的相关要求。

报送课题被总署企业管理和稽查司确定为17个重点调研选题。2021年4月7日，经总署企管司筛选梳理，银川海关企管处报送的中小企业信用培育难点及对策建议最终从42个直属海关调研选题中脱颖而出，被企管司确定为17个重点调研选题之一。

组织开展“僵尸”企业清理整顿工作。2021年1—6月，银川海关对在市场监管部门已注销、吊销的134家企业进行了专项核查，深度排查纳入自治区“屡禁不止、屡罚不改”严重违法失信行为企业名单中在海关备案的24家企业的存续状态。对于不再经营的，确认其办结海关业务后，依法依规予以注销；对于海关备案信息发生变更的3家企业，及时联系办理变更手续；对于失联或经营异常的4家企业，及时将其列入信用信息异常企业名录，确保“问题企业”应销尽销、应移尽移、应变尽变。

收集整理信用管理制度汇编。4月15日，银川海关汇编下发了信用管理制度海关内部宣传册（以下简称“宣传册”）。宣传册收集整理了自2013年以来国家及总署关于社会信用体系建设方面颁布或下发的法律法规、规章文件76份，旨在统一关区信用培育工作的标准和“口径”，指导各隶属海关开展信用培育工作，提升关区企业认证人员业务水平，提高企业信用培育工作效能。

正式启动2021年企业信用培育工作。4月29日，银川海关对关区6家进出口企业开展实地信用培育工作，帮助企业了解信用、重视信用、用好用足信用，增强企业守法规范经营自觉性。

创新开展线上“云课堂”海关信用管理业务网上培训班。5月28日，银川海关创新培训方式，首次采取“云课堂”方式举办海关信用管理业务网上培训班，对企业申请AEO难点疑点如何做好认证准备、如何理解《海关认证企业标准》进行了详细解读，共计30家进出口企业、约60人参加培训。

制定出台银川海关企业信用培育工作实施细则。6月28日，银川海关正式印发银川海关企业信用培育工作实施细则，对关区开展海关信用培育工作进行具体规定，其中，首次明确了由各隶属海关各自开展本辖区守法规范性信用培育工作。

开展认证企业专项信用培育工作。8月6日，银川海关采取“线上培育”方式对关区17家认证企业特别是需要重新认证的2家企业开展专项信用培育，助力认证企业持续符合海关标准要求，用足用好各项海关通关便利措施。

银川关区新增高级认证企业2家，实现了近三年新增高级认证企业“零的突破”。

多措并举做好海关信用改革落地前期准备。7—9月，为确保海关信用管理各项改革任务有序落地，银川海关对全面深化海关企业信用管理制度改革的重要意义及工作安排进行讨论研究，统一思想、统一认识，提前部署，理清目标方向，明确职责分工，通过“线上”“线下”相结合，“一对一”辅导、实地专题辅导、调查问卷、实地调研等方式，积极对辖区企业开展政策宣讲。

11月1日，《中华人民共和国海关注册登记和备案企业信用管理办法》正式实施。按照新办法，银川海关将原一般认证企业作为优先培育、优先认证的重点，统筹关区培育和认证资源，对有意愿申请成为高级认证企业的，主动帮助企业尽快成为高级认证企业。同时，积极发挥企业协调员作用，畅通关企沟通，确保企业的“急难愁盼”事事有回音、件件有着落。

宁夏首例海关信用修复案例顺利办结。12月23日，银川海关顺利办结银川某服装有限公司信用修复申请，这也是自《中华人民共和国海关注册登记和备案企业信用管理办法》11月1日正式实施以来，宁夏办理的首例海关信用修复案例。

报关单位全面实施备案管理。2021年

5 月，根据企业管理和稽查司关于报关单位全面实施备案管理相关工作的通知要求，停止“报关企业注册登记”事项的审批，与进出口货物收发货人统一实施备案管理，全面实施全程网办。

进一步加强海关报关单位注销工作。2021 年 7 月，根据《企业管理和稽查司关于进一步加强海关报关单位注销工作的通知》要求，进一步提高报关单位注销工作的统一性和规范性，畅通报关单位退出机制，持续提升报关单位注销便利化水平，真心为进出口企业办实事。

2021 年 11 月，根据总署公布《中华人民共和国海关报关单位备案管理规定》的要求，对报关单位备案大幅精简申请材料，压缩办结时限，取消报关企业、进出口货物收发货人双重身份备案限制，延长报关单位备案有效期。

报关单位备案全面纳入“多证合一”改革。2021 年 12 月，根据《海关总署市场监管总局关于报关单位备案全面纳入“多证合一”改革的公告》要求，申请人办理市场监管部门市场主体登记时，需要同步办理报关单位备案的，可按照要求勾选报关单位备案，并补充填写相关备案信息。市场监管部门按照“多证合一”流程完成登记，并在市场监管总局层面完成与总署的数据共享，企业无须再向海关提交备案申请。

取消进口肉类收货人、进口化妆品境内收货人备案。2021 年 12 月，根据《海关总署关于取消进口肉类收货人、进口化妆品境内收货人备案的公告》要求，为进一步深化“放管服”改革，持续优化口岸营商环境，减轻企业负担，取消进口肉类收货人备案事项和进口化妆品境内收货人备案事项，自 2022 年 1 月 1 日起执行。

【保税监管】2021 年，银川海关持续加强加工贸易及保税监管工作。开展综合保税区红酒、棉花专项调查，并形成报告。组织各隶属海关开展 H883、H2010 系统手（账）册清理，处置涉案手（账）册、清理无效手（账）册 10 余本。梳理关区企业情况，宣传推广企业集团加工贸易监管模式，促进保税维修等业务发展。协助机场海关做好海关特殊监管区域保税监管，强化监管，优化服务。梳理金关二期加工贸易及保税管理系统授权应用情况，为相关职能部门、各隶属海关 35 人次授权。持续跟踪相关公司手册欠税问题。

开展打击跨境电商进口走私“断链刨根”专项整治行动。主动与关税、缉私、隶属海关多次沟通，就如何落实行动方案进行商讨，明确分工细节和配合方式，保证专项整治行动顺利推进。与兴庆海关协同开展实际验核工作，组织开展已备案企业管理、新备案企业实际验核。共实际验核关区 74 家跨境电商企业，发现问题企业 34 家，通过旬报的方式将验核结果及时上报企管司。与科技处联合对物流实时跟踪信息共享接口进行核实。开展跨境电商企业专项稽核查，组织核查 4 家跨境电商企业，通过开展实地资质验核、盘库，未发现违规情事。配合综二处推动宁夏首个跨境电商出口海外仓企业成功备案。落实关领导关于建立机制，常态化开展专项整治工作的要求。

抓好保税监管场所等安全生产工作。对银川综合保税区、石嘴山保税物流中心（B 型）、宁夏某物流公司公用型保税仓库开展 2 次安全生产检查。实地检查隶属海关属地查检业务领域安全生产工作，对照企管司相关文件逐一梳理排查，对于发现的问题提出整改期限。

【稽查核查】2021 年，银川海关落实进口固体废物行业专项稽查行动并取得实效。落实“近三年进口固体废物加工企业专项稽查行动”和两轮“进口再生金属企业专项稽查行动”。筛查近 3 年进口商品信息，对总署相关企业名单外的 53 家企业开展风险分析，举一反三，进一步排除了相关隐患。协助兴庆海关对高风险企业开展稽查，查发违规串换料件情事，对涉案的 2 本手册分别作稽查补税和移交缉私处理。

深入开展稽查改革。切实转变观念、树立查发主导理念，全面取消常规稽查、推行不经事先通知直接实施稽查，推动稽查改革各项措施落地落实。

开立首起不经事先通知的专项稽查作业。5 次赴相关公司实地取证，仅用半个月时间，查发该公司融资租赁进口飞机漏报保险费情事。

首次开展检验检疫业务领域专项稽查并有查发。与风险部门密切配合，于 11 月份首次在检验检疫业务领域组织开展 2 起专项稽查作业，并查发 1 家企业违规情事，查发率达到 50%，有效提升了关区涉检安全准入类稽查效能。

深入拓展引入中介服务，着力增强稽查查发能力。严格规范海关引入中介机构协助稽查工作流程，强化对中介机构使用和管理。2021 年共引入 3 家中介机构参与 3 起稽查作业，其中查发 2 起，作稽查补税和移交缉私部门处理。

组织稽查改革业务培训。组织相关人员参加稽核查业务管理系统操作手册网上专题培训班、“互联网+稽核查”系统推广培训班等稽查改革系列业务培训班，共有 170 余人次参加培训，取得了良好的效果，为稽查改革全面铺开奠定了扎实基础。

加强稽查人才培养力度。充分发挥主观能动性，全流程实地参与稽查作业，提高查发率，保证稽查程序无误，避免执法风险。重点培养稽查后备力量，着力建设专业化稽查队伍，全面提升关区稽查队伍的业务素质。

对外走访，形成跨部门联合稽查机制。走访外汇管理局、税务稽查局等单位，进一步加强与相关单位的协同配合，开展信息共享、联合研判，强化联合惩戒，形成有效的跨部门联合稽查机制，提升综合管控能力。

稽查工作绩效考核取得满分。组织开

展关区葡萄酒专项稽查、跨境电商专项稽查，参与总署一般贸易领域贸易调查专班。协同兴庆海关稽查科开展稽查作业12起，其中专项稽查9起、常规稽查3起。

核查工作量质并举。研判下达风险类和定期管理类核查指令316条，督促各隶属关办结核查作业316起，同比增长76.54%；查发188起，同比增长80.77%。通过发布《银川海关关于下发核查计划的通知》，规定各隶属海关每月应完成的最低核查数量，保证了关区核查作业数量的明显提升。与相关职能部门充分沟通，保障系统授权，做好应用培训，将定期管理类核查制度化、常态化的纳入核查工作计划。指导河东机场海关首次通过定期管理类核查查发案件移交缉私部门，取得了重大突破。

自主开展企业营业执照注销、吊销状态专项核查工作。一季度下达注册信息核对指令139起，查发问题数达到100起，总署在《企管司关于2021年3月全国海关核查工作情况的通报》中予以表扬。

持续做好部门联合“双随机、一公开”监管工作。2021年10月，根据《自治区“双随机、一公开”监管联席会议办公室关于加强自治区市场监管领域部门联合“双随机、一公开”监管工作的通知》要求，进一步准确把握市场监管领域全面推行“双随机、一公开”监管工作的重点任务，切实推动此项工作深入展开。

行政检查随机抽查事项相关要求进一步明晰。2021年11月，根据《海关总署关于调整〈海关行政检查随机抽查事项清单〉的通知》要求，进一步理清随机抽查事项“查谁”“谁查”规则，并对检查结果公开相关事宜进行了明确。

对核查作业表单进一步优化。2021年11月，根据《企业管理和稽查司关于全面调整优化核查事项和标准化作业表的通知》要求，进一步统一规范核查执法，深入推进核查外勤作业标准化。

核查作业进一步规范、统一。2021年12月，总署发布《海关核查操作规范》，进一步完善了海关核查管理制度，提高了核查作业的规范性和统一性。

【属地查检】2021年，银川海关正式明确银川海关企管处为属地查检执行管理职能部门。8月16日，银川海关办公室工作会议研究明确，企管处是关区属地查检外勤执法的执行管理职能部门，并自8月17日起承担“查四”系统中新产生的“目的地事中”检查指令的执行管理职能。

属地查检工作实现闭环管理。对照“查四”系统数据逐条核对指令，针对尚未执行的指令逐条分析落实；先后组织开展全关进口货物目的地查检业务培训2次。定期查询新一代查验管理系统查验指令，按照收货人所属关区分类梳理，通过海廉系统制发20份监控核查联系单，提醒各隶属关尽快组织查验。形成常态化反馈机制，通过电话、邮件等方式与相关部门定期沟通，按期反馈查验结果，实现全流程闭环管理。

组织开展属地查检业务领域安全生产和疫情防控工作自查。7—8月，银川海关组织开展属地查检业务领域安全生产和疫情防控工作自查，发现问题2项。

查缉走私

【概况】2021年，为深入开展“国门勇士2021”缉枪专项行动，维护社会治安稳定，在中国共产党成立100周年前，银川海关缉私局与各地海关缉私部门、刑侦部门共同开展全国性联合查缉行动，查获火药动力枪支弹药等；刑事处理9起，行政处理39起。共立案侦办刑事案件3起，案件数量较2020年全年增长200%。其中，2起为非涉税案件，1起为涉税案件。一是立案侦办走私武器弹药案；二是立案侦办走私、贩卖珍贵动物制品案，抓获犯罪嫌疑人1名，查获疑似象牙原牙2根，象牙杯、象牙佛牌等制品56件，共计1.11千克。该案系银川海关缉私局近年来查获的最大一起象牙、濒危动植物制品的走私案件。共办理行政案件9起，案值471万元。

【打击涉税走私】2021年，银川海关缉私局积极参加“四部门”联合打击出口骗税专项行动，充分发挥缉私办案经验和专业优势，为案件的成功侦破发挥了关键作用，相关案件案值约15亿元，批准逮捕犯罪嫌疑人3名，国家税务总局向银川海关缉私局致函表示感谢。共办理协查案件23起，出动警力48人次，协助抓捕犯罪嫌疑人5名，协查证据489份。

【国际执法合作】2021年1月7日，银川海关缉私局收到总署缉私局司法协助的通知后，根据合作方俄罗斯所提出的刑事司法协助要求开展行动并向总署缉私局及时反馈相关情况。

【智慧缉私】2021年4月，银川海关缉私局派员参加涉枪研判集中工作，通过国际物流研判发现并斩断涉港走私枪支入境渠道，共查获气动力枪支5支，枪支零部件若干，共立刑事案件1起，行政案件4起。

根据公安部和总署缉私局领导指示，梳理涉枪线索，并查获火药动力狙击步枪3支、气动枪97支，枪支配件一批。该战法参加“智慧公安我先行”活动，获评科技创新应用优秀奖。

【刑事法制工作】2021年，银川海关缉私局以“两统一”机制为抓手，促进案件质量提升。以教育整顿为契机，以“两统一”机制为抓手，努力提升刑事案件办案质量。全年共办理刑事案件 4 起，其中濒危野生动植物及其制品类案件 1 起，枪支类案件 1 起，涉税类案件 2 起。

积极发挥法制部门职能，推动办案中心规范化使用。一是由法制部门对照公安部及总署缉私局的相关规定，逐一对办案场所设置进行了检查，有力排除办案中心安全隐患。二是对照多项规章制度，调阅 2021 年度银川海关缉私局 4 起刑事案件共 3,200 分钟音视频资料，对办案中心使用规范程度进行自查，并对发现问题进行集中整改。三是研究制订银川海关缉私局办案中心使用情况登记表，严格办案中心台账使用管理，做到有据可查。四是通过缉私动态监控子系统视频、现场监督等抽查方式对执法办案中心内执法活动进行实时规范和监督，促进执法办案中心使用规范化。2021 年度，银川海关缉私局办案中心使用较为规范，未发生嫌疑人自杀、自残、自伤、脱管和其他违法违规情事。

加强案管系统使用管理，促进案管中心规范化建设。案管中心是推进智慧缉私建设的重要举措，规范使用案管系统是实现对缉私办案全过程监督管理、加强缉私领域风险防控的必要手段。银川海关缉私局案管中心与法制部门办公室合并使用，配有专用复印扫描仪一体机，案管系统扫描录入条件符合缉私案件管理工作规程（试行）关于证据材料采集要求，能够满足银川海关缉私局日常办案需求。在日常使用中，基本能够实现案管系统规范化使用效果。

积极开展普法宣传，提升缉私知识群众知晓率。作为内陆缉私局，关区内走私案件相对较少。近年来，进出口企业及出入境公民对货物进出口、人员进出境等法规政策关注率持续偏低。为防范走私犯罪及落实缉私主体责任，银川海关缉私局结合实际，积极开展普法宣传。一是有力落实“我为群众办实事”系列活动，走访 2016 年以来相关涉案企业，在征寻银川海关缉私局民警违法违纪线索的同时，将其作为重点普法宣传对象进行政策宣讲。二是充分利用线上宣传平台，以“银关政声”及“银川海关 12360”等微信公众号为载体，在“国际禁毒日”等普法日，适时发布普法宣传文章。三是开展“普法宣传进校园”活动，以走私毒品、药品、濒危野生动植物制品等为宣传素材，印制宣传手册及扑克予以发放。四是持续深化落实“谁执法、谁普法”工作要求，以法律法规政策宣讲与“中国反走私”等涉及海关、缉私公众号推广作为主要内容，将普法宣传工作贯穿案件办理始末。五是狠抓制度执行，结合“岗位大练兵”等活动，定期组织开展制度学习、制度评估，促进民警提升制度执行力，切实推进银川海关缉私局执法规范化建设。

拓宽普法宣传渠道，增强普法宣传效果。关区普法宣传效果仍受普法渠道较少限制。下一步，一方面银川海关缉私局将以涉案财物销毁、移交、拍卖等契机，深化与其他部门联系配合，在“消费者权益日”等适时借助本地主流媒体，对缉私法律法规及相关政策进行宣讲。另一方面银川海关缉私局将探索使用“抖音”等新媒体开展普法宣传，充分利用网络流量，提高普法宣传广度。

【案件审理】 2021 年，银川海关缉私局对 2016 年以来共计 75 起行政、刑事案件的办理、审理情况、执法办案平台、缉私动态监控子系统监控、执法办案中心使用情况、现行规章制度建设、落实情况进行了集中检查。

【综合治理】 2021 年，自治区打私办坚决贯彻落实习近平总书记关于打击走私和视察宁夏重要讲话和重要指示精神，紧紧围绕自治区党委、政府工作大局，主动服务地方经济建设，努力克服疫情影响，立足宁夏实际，认真履职尽责，不断巩固和深化反走私综合治理，联系配合机制进一步优化，全员打私进一步完善，自身建设进一步加强，各项工作取得了新进展新成效，为加快建设先行区、建设美丽新宁夏做出了积极贡献。

2021 年，银川海关缉私局紧盯走私活动购运储销环节，充分整合资源，形成闭环监管链条，有效降低行业性、区域性走私风险，确保自治区反走私态势平稳可控。交通运输厅认真落实“双随机、一公开”制度，加强对道路客运、货运企业及道路货运个体运输户的监督管理。宁夏邮政管理局狠抓“收寄验视、实名收寄、过机安检”三项制度落实，当前实名寄递信息系统实名率达到 98%以上。市场监管厅严格落实进口冷链食品疫情防控要求，加大对自治区冻肉市场流通环节监管力度，截至当前共检查经营单位 5,827 户（个）次，食用农产品批发市场 119 个，第三方冷库 74 个，查处违法案件 12 起。生态环境厅加大固体废物处置利用企业环境监管，强化处置能力提升。

【加强组织领导】 2021 年，银川海关缉私局坚决贯彻落实党中央重大决策部署，推动地方人民政府落实主体责任，海关、公安、市场监管、生态环境、烟草等成员单位各尽其责担负起“链条责任”。2021 年，继出台自治区反走私综合治理工作机制后，充分发挥主观能动性，全面搜集梳理法律依据和实践支撑，主动走访自治区政府及有关部门，有效推动自治区打击走私综合治理办公室关于走私固体废物、冻品归口处置工作的意见成功出台，使关区走私固体废物、冻品归口处置有了明确遵循和执法依据。组织召开银川关区缉私工作会议和反走私工作联络员会议，新增商务厅、交通运输厅、宁夏税务局、宁夏邮政管理局 4 家成员单位，用好“平安建设”考核指挥棒，做到“年初有部署，平时有检查，年终有总结”，形成“主要领导亲自抓、分管领导具体抓，一级抓一级、层层抓落实”的工作局面。

【开展“国门利剑2021”联合专项行动】始终保持高压严打态势，认真开展“国门利剑2021”联合专项行动。2021年，银川海关缉私局共立案侦办刑事案件3起，较2020年增长200%，破获近年来关区最大一起走私象牙、濒危动植物制品案件，查获疑似象牙原牙2根、象牙制品56件。共办理行政案件9起，较2020年增长12.5%，案值471万元。

【完善联系配合机制】2021年，银川海关缉私局牢固树立“打私工作一盘棋”意识，建立联络员制度和打私办工作群，不断健全完善联系配合机制，把各自优势最大化，凝聚起反走私工作合力。银川海关缉私局研究制订相关配合办法，密切与海关风险、关税、监管、稽查等部门的配合。深入开展“国门勇士2021”缉枪专项行动，先后分两批次向全国推送320人涉枪行动线索，与公安刑侦部门共同开展全国性联合缉枪行动，共刑事处理9起、行政处理39起，圆满完成庆祝中国共产党成立100周年安保维稳工作任务。自治区税务局联合自治区公安厅、银川海关、人民银行银川中心支行开展打击虚开骗税违法专项行动，其中“宁夏2020-P30”特大虚开骗税案是宁夏税务系统双打专项行动以来查获涉案金额最大的一起利用羊绒农产品虚开骗税案，涉嫌骗取出口退税3.29亿元。自治区公安机关相继开展“昆仑2021”等11个战役行动，开展联合执法检查280余次，出动执法人员4,969人次。宁夏烟草专卖局联合公安、邮政、市场监管等部门开展打击涉烟违法犯罪“雷霆Ⅲ号”专项行动，查获各类涉烟违法案件1,598起，查获违法卷烟530.9万支，涉案案值742.08万元。

【宣传教育】2021年，银川海关缉私局坚持树立“宣传也是打私”的理念，充分发挥宣传教育工作的推动作用，创新宣传方式，提升宣传实效，不断增强反走私综合治理的社会影响力。依托“平安宁夏”“中国反走私”等新媒体普法宣传矩阵，反走私工作3次获“中国反走私”微信公众号采编，同时积极发动区内人员关注“中国反走私”微信公众号，2021年12月，宁夏订阅指数位列全国第五位。深入开展“我为群众办实事”实践活动，银川海关缉私局按照“谁执法谁普法”原则，走访关区进出境快件经营企业开展普法宣传，先后赴银川市唐徕小学、宁夏大学新华学院组织开展“反走私进校园”宣传教育及“反走私你知多少”系列有奖答题活动。市场监管厅、粮食和储备局等充分利用热线电话，积极拓宽投诉举报渠道，发动广大人民群众积极参与，加强法律法规宣传引导。宁夏烟草专卖局在自治区各地重点场所醒目位置悬挂宣传横幅53条、投放宣传电子屏74块、摆放宣传展板53块，不断强化舆论正面引导，切实增强社会各界防范走私意识，营造自治区“打击走私、人人有责”的浓厚氛围。

第四篇

综合保障

政务管理

【概况】2021年，银川海关政务管理工作围绕中心工作发挥参谋助手作用狠抓落实，增强信息宣传力度展现关区工作实效，夯实基础工作不断提升综合管理水平，更加自觉地把做到“两个维护”体现在行动上、落实到工作中。办公室支部作为直属海关办公室中唯一的全国海关基层党建“示范品牌”顺利通过复核，并获得“自治区直属机关先进基层党组织”荣誉称号。办公室5名同志年内先后获评银川海关嘉奖、“优秀共产党员”荣誉称号，有2人分别获得“全国海关机要保密工作先进工作者”荣誉称号和“自治区信息工作先进个人”，获奖人数占部门人数的55%。

【应急值守】2021年，银川海关加强应急响应，在关键时间节点，始终保持24小时全天候应急状态，确保文件收发、材料报送、会议筹备、方案制订、应急值守等各环节工作高效运转，累计处理新冠肺炎疫情防控文件2,900余份。做好政务值班工作，切实做到“在位在岗、尽职尽责、督查巡查、预警预防”，全年共参加总署办公厅值班点名工作40次，受理值班电话221通，检查关区值班工作341次。

【政务信息】2021年，银川海关发挥信息反映情况主渠道的作用，加强政务信息撰写报送工作，严格审核把关，围绕总署和自治区党委政府信息采编要点，加强与总署、自治区信息工作部门的沟通协调反馈，及时开展信息约稿和通报，及时准确、高效高质向总署和自治区党委政府报送反映银川海关工作情况，全年未出现信息迟报、漏报的情况。年内，银川海关共向总署报送政务信息65篇，向自治区党委政府报送政务信息98篇，报送的多篇信息被自治区党委采编后报送中共中央办公厅，时任自治区党委书记陈润儿等主要领导同志批示8次，从多角度反映了银川海关坚决落实中央重大决策部署，促进地方经济发展的工作成效。

【政务服务】2021年，银川海关提前谋划、认真准备、积极协调、细心服务，保障署长倪岳峰、副署长胡伟、驻署纪检监察组组长陶治国来宁调研、工作等事宜，圆满完成接待保障任务。协助银川海关党委书记和党委委员做好内外部联系协调工作，年内协调安排各类会务56次、关领导调研56次。开通HB2012会议申请和新闻图片审批功能，推动银川海关办公管理数字化、网络化。

【公文处理】2021年，银川海关认真贯彻习近平总书记提出的“坚持极端负责的工作作风”的重要要求，结合党史学习教育，按照总署关于进一步提高办文质效和精简公文相关要求，在全关区组织开展“学党史　守初心　强作风　担使命”公文质量提升年活动。搭建学习交流平台，汇总整理了“公文写作与处理资料包”上传至管理网供全体干部职工进行下载学习和交流；编撰《银川海关公文写作实用手册》，加强培训指导，组织线上和线下公文写作与处理培训；强化公文写作政治意识，全面排查关区不准确表述问题，汇总规范性表述专题资料供各部门开展学习；加强调查研究，围绕“公文质量提升”，对银川海关机关职能处室和隶属海关进行走访调研，形成以公文质量提升为切口推动关区综合管理水平上台阶的调研报告；强化机制约束，进一步严格错情通报、退文差错、双人校对等机制，严把公文起草关、审核关、校对关；强化制度保障，根据总署公文处理相关工作办法，起草修订银川海关公文处理相关工作办法；以赛促学，开展“学党史　守初心　强作风　担使命”公文处理技能竞赛，不断巩固学习公文写作与处理有关知识，检验质量提升的成效。

【督查督办】2021年，银川海关突出建章立制，规范工作程序，提高例会质量。不断完善例会制度，提高“第一议题”质量，推动党中央重大决策部署以及总署党委工作要求有效落实。从制度建设着手，及时组织制修订关区例会制度，完善各项工作机制，研究形成传达学习、研究部署、任务分解、总结反馈、督查问效等5个环节工作流程，每月按时组织召开月度例会，确保每月“硬杠杠”任务高质量有效落实。累计组织召开形势分析及工作督查例会12次。突出督办检查，及时跟踪问效，狠抓工作落实。坚持问题导向、目标导向和结果导向相统一，建立健全学习贯彻落实习近平总书记重要讲话和重要指示批示精神落实情况、总署党委领导批示和文件落实情况、自治区领导批示和重要文件落实情况、关领导批示和年度重点任务落实情况4类督办台账，每月例会对各单位各部门贯彻落实情况进行梳理通报；对例会议定事项实行清单化管理、项目化推进，明确责任单位、工作要求和完成时限，建立专门督查台账，实时掌握各项任务落实情况，开展定期和适时督查，紧盯不放。累计制发督办单25项。

【保密管理】2021年，银川海关强化

组织领导，银川海关党委定期听取保密工作汇报，组织定期召开保密委员会工作会议，通报保密工作形势，安排布置保密工作。强化保密教育。邀请自治区党委保密办主任、保密局局长为银川海关党委委员和处级领导干部进行专题授课辅导，组织处级领导干部和涉密人员赴宁夏保密教育实训平台开展保密教育轮训，开展“保密法治宣传月”活动和保密主题党日活动，组织学习《中华人民共和国密码法》《保密法律知识读本（以案释法版）》等保密基本法律规定和全国发生的窃泄密典型案例，进一步强化领导干部安全保密风险意识。强化保密管理。在全关范围内开展保密自查自评和抽查检查，查找差距弥补不足，研究编制相关目录，加强内部事项的管理，保护工作秘密，签订相关授权书，明确隶属海关定密权限，严格定密工作流程，切实做到“依法定密”。强化制度建设。建立健全涉密人员、文件、设备等各项管理制度，不断完善涉密文件收发、传递、借阅、归档、销毁等各个环节的工作规范，做到办理手续齐全，流程规范，记录完备。

【档案管理】2021 年，银川海关做好档案管理工作，接收各门类档案入库共 481 盒，整理上架 2020 年文书档案 182 盒、2, 621 件，2020 年文书档案电子归档 2, 621 件。整理 2020 年文件资料 98 盒，2015—2020 年扶贫档案 14 盒、163 件。档案借阅利用 359 次，编撰完成《2020 年银川海关大事记》。

【政务公开】2021 年，银川海关坚持以人民为中心的发展思想，不断提高政务公开质量。完成“海关政务公开信息管理系统”在 HB 办公系统和互联网端的升级部署，公开效率进一步提高。加强对隶属海关开展政务公开工作业务培训、指导和督查，开展隶属关政务公开电话、邮箱抽查 4 次。制订印发《银川海关政府信息公开工作规程》和《银川海关政府信息公开保密审查规程》，明确信息公开的内容、时限等工作要求，进一步规范公开工作流程。加强政策解读，回应社会关切，对新出台的海关政策及时发布图解版解读，形象展示政策变化，宣传为群众办实事典型事例。坚持服务为民理念，打造高质量服务窗口。银川海关 12360 热线受理话务咨询 3, 210 次，接通率 98. 4%、答复准确率 99. 5%，分别比总署要求高出 2. 4 个和 4. 5 个百分点，答复质量进一步提升，办理网民留言 42 条，回复率 100%，平均回复时长 1. 5 个工作日，妥善处置网络舆情 1 次，上报舆情专报 12 份。顺利实现 12360 热线与地方 12345 热线归并运行互联互通，进一步拓宽了与社会各界的咨询互动渠道，12360 热线服务水平进一步提升。

【信访工作】2021 年，银川海关认真做好来信、来访工作，确保来信、来访案件件件有回音，件件有落实。强政策解读，回应社会关切，对新出台的海关政策及时发布图解版解读，形象展示政策变化，宣传为群众办实事典型事例。

【新闻宣传】2021年，银川海关始终坚持正确的政治方向、舆论导向和价值取向，全力投入中国共产党成立100周年、党史学习教育和党的十九届六中全会精神宣传贯彻等重大主题宣传，共在各类新闻媒体发表稿件141篇，其中在新华社、中国新闻社、“学习强国”等中央级媒体发表稿件42篇，占比30%；在《宁夏日报》、宁夏电视台、《华兴时报》等自治区级媒体发表稿件75篇，占比53%；在“海关发布”、《中国国门时报》等海关媒体上发表稿件24篇，占比17%。召开外贸数据及宁夏国际快件监管工作情况专题新闻发布会。

财务管理

【概况】2021年，银川海关立足“五关”建设（政治建关、改革强关、依法把关、科技兴关、从严治关），强化政治统领；围绕“精品工程”，提升财务管理效能；坚持系统观念，加强全面统筹优化；坚决落实“过紧日子”要求，集中财力优先保民生、重点保运转、精准保发展；深化改革、提质增效，积极推进财务保障工作高质量落实落细。

【落实“过紧日子”要求】2021年，银川海关立足新发展阶段，把“过紧日子”作为银川海关长期坚持的基本方针，始终牢固树立艰苦奋斗、勤俭节约的思想，精打细算、量入为出；制定银川海关“过紧日子”十项措施，压减一般性支出，从严控制“三公”经费；结合党史学习教育“我为群众办实事”实践活动，采用“线上+线下”相结合的方式，宣传节能文化，普及节能知识，坚持资产修旧利废，借助能源监管平台，着力推进节约型机关建设。

【新冠肺炎疫情防控保障】2021年，银川海关坚决贯彻落实习近平总书记关于新冠肺炎疫情防控的一系列重要指示批示精神，把新冠肺炎疫情防控应急物资保障工作作为最为首要政治任务。提高政治站位，加强新冠肺炎疫情防控知识学习，提升新冠肺炎疫情防控应急管理能力；全力申请新冠肺炎疫情防控经费预算，持续加大对新冠肺炎疫情防控资金的保障力度；加强海关新冠肺炎疫情防控资金支付监管，保障资金支付安全规范；精准配发做好防疫保障，2021年，共采购新冠肺炎疫情防控物资9.15万个（件），配发疫情防控物资9.66万个（件）；持续推进应急物资储备库建设，细化完善管理制度；实行银川海关应急物资储备按月盘库统计，动态分析物资储备量、生产日期、到期日，建立应急物资动态管理机制；完善应急物资出入库台账，定期开展新冠肺炎疫情防控物资储备库安全检查，年内共开展安全检查12次；开展防控物资存量及消耗量评估，提高保障能力；开展临期新冠肺炎疫情防控物资检查，降低临期物资使用风险；强化物资使用监督检查，防范廉政风险。

【预算管理】2021年，银川海关强化

预算管理，提升预算绩效质量。加大资金筹措力度，确保全关重大项目及各项工作的资金需求；完成2022—2024年项目支出规划申报，从绩效目标、资金规模等方面，对申报项目的真实性、准确性和规范性进行全面审核；坚持问题导向、责任导向、绩效导向的原则，实行预算执行情况动态跟踪，有效形成预算管理合力，着力提高预算执行率，有力促进预算质量和执行率的双提升，年内，关区预算执行率达99.96%。拓展绩效评价内涵，强化预算绩效评价考核，向财政政策、制度、管理要效益。优化预算绩效评价特别是项目支出绩效评价，对关区2020年涉及财政拨款及其他资金36个预算项目支出绩效开展评审，实现100%全覆盖，确保预算绩效的有效性，切实提升资金使用效益。

【决算管理】2021年，银川海关落实党中央和国务院关于深化预算管理制度改革要求，加大组织协调力度，强化部门决算管理；依法依规编制部门决算，做到收支真实、数额准确、内容完整、报送及时；做好部门决算审核，确保编制范围完整。按照规定时限，做好部门决算信息公开。

【政府采购管理】2021年，银川海关积极探索政府采购工作新模式，拓宽政府采购工作思路；修订采购管理制度，完善非政府采购评审机制，提高采购管理规范性；加强程序监督，提高“海关总署政府采购计划管理系统”数据准确性；持续优化政府采购营商环境，降低中小企业参与政府采购活动成本，做好中小企业预留采购份额；落实政府采购支持脱贫攻坚政策，完成“贫困地区农副产品网络销售平台”采购，助力脱贫攻坚、乡村振兴。年内，银川海关政府采购金额为594.2万元。

【税费财务管理】2021年，银川海关规范税费管理工作，提高综合治税管理水平；稳步推进“财关库银”横向联网运行，便利企业缴税，加快货物放行，增强企业获得感；完善税款核销、报表统计编报工作机制，开展税款入库时效性检查，提高税收入库环节管理效率，为海关综合治税工作提供有效的决策参考。年内，关区税收入库22,947.87万元。

【涉案财物管理】2021年，银川海关强化涉案财物管理，开展长期未处置涉案财物专项清理工作，依法向地方主管部门成功移交涉案濒危动物制品。建立完善走私冻品、非法入境固体废物归口处置机制。强化涉案财物拍卖处置管理，按要求执行在线公开拍卖1次，按计划完成全年涉案财物处置工作。

【涉企收费管理和国企改革】2021年，银川海关开展关区涉企收费专项清理检查，掌握涉企收费总体状况，切实减轻企业负担；加强涉及新冠肺炎疫情防控收费项目管理，杜绝乱收费乱涨价；及时更新收费政策，切实将中央减税降费重大决策部署坚决落到实处；落实国企改革三年行动方案工作要求，推进事业单位集中转让脱钩企业产权工作。

【财务规范化管理】2021年，银川海关聚焦风险管控，强化底线思维。对照巡视问题，精准自查，力求做到全、深、细、准，确保自查自纠工作取得实效，及时堵塞漏洞；及时向总署提供相关审计资料，根据总署审计重点，规范关区财务管理；开展审计整改、巡视巡察整改工作，从政治上找差距，从思想上找症结，从工作中找问题，强化整改成效，努力推动整改再上台阶。对于已经完成整改的事项，适时组织开展“回头看”，持续巩固好巡视巡察整改成果，确保真改实改、全面整改、持续整改，聚焦重点问题抓重点、抓长远。

【资产管理】2021年，银川海关全面规范和加强资产管理，提高资产使用效益，盘活闲置资产，挖掘存量潜力。开展照摄像器材专项检查，防范廉政风险；开展办公用房、闲置办公设备清查，强化资产管理过程控制和事后监督；公示办公用房、公有住房、公务用车使用情况，接受群众监督，推进清廉海关建设，落实中央八项规定及其实施细则精神；按照固定资产的使用年限要求及资产现状，开展清理处置工作。

【装备管理】2021年，银川海关做好制服选购工作，提高服务保障水平；按需求保障海关通用业务单证征订，强化海关通用业务单证管理，提升应急装备设备配备的精准性和科学性。

【落实中央八项规定及其实施细则精神】2021年，银川海关深入贯彻习近平总书记关于加强作风建设的重要指示精神，持之以恒落实中央八项规定及其实施细则精神，坚持严的主基调不放松，严格执行银川海关各项内控制度，执行各项财经纪律，不断强化经费支出、摄影器材采购及借出、固定资产处置、会议及公务接待、公务用车、办公用房等重点领域管理，一体推进不敢腐、不能腐、不想腐，建设新时代清廉海关，有效预防违法违纪违规行为的发生。

【节约型机关创建】2021年，银川海关全面贯彻落实党中央、国务院关于碳达峰、碳中和的重大战略决策，按照《“十四五”公共机构节约能源资源工作规划》，扎实开展机关节约能源资源各项工作，持续推进节约型机关单位建设，机关全年用水、用电、用油均低于2021年指标要求，做到了合理利用能源资源、统筹提高利用效率、降低机关运行成本，通过不断加强节能环保宣传，逐步形成崇尚绿色低碳良好氛围。

【事业单位财务管理】2021年，银川海关按要求做好事业单位财务管理工作，严格执行事业单位监督管理委员会议事规则，充分发挥监委会对事业单位重大经济活动事项的监督管理作用，不断加强事业单位内控管理，推进事业财务管理制度建设，加大对事业单位监督检查力度，规范事业单位收费管理，促进事业单位不断提高自身财务管理水平。

科技发展

【概况】2021年，银川海关完成HB2012政务平台、H4A系统托管上云和邮件系统国产化上云试点，信息系统运行稳定，国产化替代工作稳步推进，科技应用保障作用有效发挥。保健中心全年开展体检7,893人次，新冠病毒核酸检测23.3万人次，成功申请2022年度国家卫健委临床检验中心室间质评计划。技术中心当前通过CNAS和CMA认可项目达5,150项，被农业农村部评定为“全国名特优新农产品营养品质评价鉴定技术机构”。银川数据分中心“云验收”助力“关银一KEY通”代理口岸业务落地。

【信息化建设】2021年，银川海关国产化替代工作稳步推进。1台国产服务器已运行，1套国产安全运维系统已部署，紫光桌面云平台顺利搭建，39台国产电脑在银川海关关键重要岗位替代使用，逐步构建关区国产应用支撑生态，提升自主可控能力。

高质量完成网络安全保障。在中国共产党成立100周年庆祝活动、党的十九届六中全会等重要敏感时期，开展关区网络安全自查，组织开展应急演练，确保发生突发事件能够快速处置。全年关区信息系统运行稳定，未发现被渗透及影响业务运行的网络安全事件。

加快信息系统资源整合。完成HB2012政务平台、H4A系统托管上云。完成邮件系统国产化上云试点工作。完成银川海关统一门户建设。增加HB办公系统综合与通知模块部分功能上线应用。关区实验室e-Lab2.0系统升级上线应用。

支持关区业务信息化建设。配合综合业务二处完成机场货运监管库卡口升级整改，公铁物流园整改技术支持和项目验收工作。做好关区CT机智能审图、核辐射探测等监管设备的升级和维护。

“跟班作业”活动取得预期效果。开展科技人员“跟班作业”活动，安排技术人员深入隶属海关业务一线跟班作业2周时间，解决政务办公、业务系统、移动单兵应用等方面技术问题30个。

【实验室管理和科技管理】2021年，银川海关一项科研项目获得总署科技发展司批复立项。2021年，银川海关向总署科技发展司推荐8项科研项目，其中技术中心作为项目承担单位，名称为“葡萄扇叶病LAMP检测方法的建立”的科研项目获批立项。

技术中心参与的一项署级科研项目“牛重要疫病检测技术集成和检疫处理及防控策略的研究与应用”，在2021年度海关科技成果评定中被评为“三级成果”。

银川海关首个移动P2实验室在河东机场口岸建成并运行。2021年4月，银川海关移动P2实验室在河东机场口岸完成了配套设施的安装调试；5月24日，通过自治区卫健委评估，符合开展新冠病毒核酸检测要求，可以开展新冠病毒核酸检测工作。

督察内审

【概况】2021年，银川海关聚焦充分发挥督察内审“免疫系统”的作用，突出督察重点，强化审计监督，着力完善内控机制建设，科学构建执法评估体系，不断增强队伍能力素质，依法依规全面履行督审监督职责，以精准有力的监督成效为全方位推动海关高质量发展贡献积极力量。

【督察监督】2021年，银川海关对关区进境高风险货物风险监测和预防性消毒措施落实情况、出口危险化学品监管措施落实情况等2个项目开展总署专项督察，对加强数据管理和网络安全管理措施落实情况、严把进出口商品检验关措施落实情况、强化企业管理和稽核查工作措施落实情况、海关系统安全生产工作措施和加强口岸监管管理措施落实情况等4个项目开展关级督察。组织开展2019年、2020年9个关级督察项目督察问题整改“回头看”，确保督察整改问题不反弹。2021年通过开展督察监督，发现问题6个，提出并被采纳建议6条，完善规章制度3个。

【内部审计】2021年，银川海关完成总署“3+1”专项审计（调研）工作任务，完成所属1个事业单位和1个隶属海关主要负责人经济责任审计项目。从严从实抓好审计发现问题整改。压紧压实整改责任，对审计发现问题动态跟进、一盯到底，2021年督促相关单位部门完成各类审计发现问题整改22个。通过审计监督推动被审计单位建立健全“三重一大”决策制度、内部工作规范等3项，关区其他单位部门优化工作机制3项，改进工作流程2项。

【内控建设】2021年，银川海关强化组织制度建设，11月9日，召开关区内控工作领导小组（扩大）会议1次，对13项规章制度开展内控前置审核工作，提出修改意见建议19条。突出HLS2017线上科技主平台作用，全年开展系统应用培训“送教上门”活动4次，系统警示风险移出率、审核率和复核率均为100%。制发监控核查处置单100份，处置异常数据125条，其中处置有效数据78条。深化内控节点岗位清单应用，提取内控节点285个，配合海关“现场监管与外勤执法权力寻租”专项整治工作。开展署级100个内控节点关区自评工作，涉及执法领域节点共69个，非执法领域节点共31个，内控节点全部落实。

【执法评估】2021年，银川海关做好执法评估工作。一是秉持“小关也要大作为”理念，在2021年署级执法评估项目中积极作为。2021年4—11月银川海关积极参与天津特派办牵头的《海关进出口食品安全监管情况专题评估》署级评估工作，按照项目分工，以“问卷调查+大数据分析”方式完成全国问卷调查工作。问卷调查工作全面了解基层海关进出口食品安全监管的实际工作做法和进出口食品企业的真实感受，找准海关在食品安全监管工作中存在的5个问题和风险。12月15日，银川海关负责的问卷分析报告与总体评估报告一起上报后受到多位署领导批示；12月21日天津特派办专门来函表扬银川海关在署级评估工作中的优秀表现。二是坚持关级评估项目立足关区实际、评估成果服务关区工作思路，扎实做好自选专题评估项目。银川海关综合运用“数据+指标+分析+调研”评估模式，发现进出口食品安全监管工作中存在的制度、信息化、流程等5个方面监管风险，提出防范进出口食品安全监管风险建议13条，并上报总署关级评估报告。总署后续下发的业务改革文件印证了银川海关找准了相关风险。同时，加强关级执法评估项目成果应用实效，与内控工作联动，及时提示职能部门堵塞执法漏洞，切实防范风险，提高关区执法水平。

第五篇

隶属海关

银川河东机场海关

【概况】银川河东机场海关2018年12月底成立，由原银川海关机场办事处、原银川机场检验检疫局和原宁夏出入境检验检疫局综合保税区办事处组成，为综合偏口岸型海关。2019年10月16日正式揭牌，是隶属于银川海关的正处级下设机构。

银川河东机场海关内设办公室、综合业务科、旅检一科、旅检二科、旅检三科、监管科、快件科7个科室。核定人员编制39名，处级领导职数3名，科级领导职数15名。当前在职在岗人员35人，驻村扶贫1人。在职在岗干部中，党员28人，占80%。

【政治机关建设】2021年，银川河东机场海关把学习贯彻习近平新时代中国特色社会主义思想作为贯穿全年的重大政治任务抓实抓好，将学习贯彻习近平总书记重要指示批示精神作为每月工作例会和中心组学习第一议题，组织中心组学习16次，定期开展研讨，带头撰写学习交流材料，每次学习随机指定3人结合工作实际作交流发言，切实提高中心组学习质量和效果，不断提高党委班子的政治判断力、政治领悟力、政治执行力，确保机场海关的工作始终沿着正确的政治方向前进。

【全面从严治党责任落实】2021年，银川河东机场海关制定全面从严治党任务清单，明确8个方面49项重点任务，层层抓好落实。制定贯彻落实“三重一大”决策制度实施办法，提高党委决策的民主化、科学化、规范化水平。2021年6月和12月分别召开专题会议研究意识形态工作，第一时间认真组织学习中央民族工作会议精神和全国宗教工作会议精神，开展马克思主义民族观宗教观专题学习，教育引导干部职工筑牢中华民族共同体意识。

【党史学习教育】2021年，银川河东机场海关成立机场海关党史学习教育领导小组，切实加强党史学习教育组织领导，不折不扣贯彻落实上级党史学习教育具体工作部署。第一时间组织学习贯彻习近平总书记“七一”重要讲话精神、党的十九届六中全会精神，发挥好党委班子的示范带动作用。开展“党史每人一讲”活动，把党史学习教育同感悟思想、分享收获相结合，实现人人上讲台，共宣讲党史知识51人次，支部书记讲授专题党课9场次。以学习指定书目、习近平总书记“七一”重要讲话精神和党的十九届六中全会精神为引领，不断把党史学习教育引向深入，把学习教育成果转化为锤炼党性、为民服务、推动发展的实际成效，做到学史明理、学史增信、学史崇德、学史力行。深入开展“我为群众办实事”实践活动，完成12项为民服务的实事，切实提高服务对象获得感，把党史学习教育激发的干事创业精气神，转化为履职尽责的工作实效。

【巡视巡察整改】2021年，银川河东机场海关切实提高政治站位，把巡视巡察整改作为重要政治任务抓紧抓实，建立3个清单明确责任科室和整改完成时限、定期督办跟踪问效，切实把巡视整改的过程变成查找差距、解决问题的过程。按期完成了巡视整改的9项整改任务和巡察整改的12项整改任务。在巡视巡察整改过程中，制定了银川河东机场海关旅检渠道截留物检验检疫作业指引、银川河东机场海关查获涉濒危动植物及其制品后续处置操作指引等制度，明确了法律法规及文件依据、各岗位职责、处置流程、常见情况、注意事项等内容，通过建章立制、举一反三形成了长效机制，圆满完成了各项巡视整改任务。

【基层党组织建设】2021年，银川河东机场海关以“四强”党支部建设为引领，完善党支部党建述职评议考核机制，严格落实“三会一课”等组织制度，形成书记抓、抓书记，一级抓一级、层层抓落实的党建工作格局。制订《党支部标准化规范化建设工作手册》，在组织设置、班子建设、工作机制、组织生活等方面明确职责、规范流程和记录格式，推动各基层党支部标准化规范化建设。认真落实“支部建在科上”有关要求，完成7个基层科室支部改选、成立工作。指导各支部结合工作实际，深化拓展品牌内涵，初步形成了一体创建、特色鲜明、各有侧重的“先锋”系列党建品牌。

【干部队伍建设】2021年，银川河东机场海关围绕用好、管好、当好一线科长等方面进行有益探索，制定相关工作行为规范，为一线科长日常管理提供执行标准和考核依据。针对2021年航班暂停，国际货运渠道不畅，业务量大幅下降的情况，着力加强队伍能力提升，发挥人员素质较高的优势，推动关区旅检、监管等业务一体化管理，统筹整合新冠肺炎疫情防控、货物和快件电商监管、综合保税区发展等工作，在新冠肺炎疫情防控领域实施了一体化管理，全面提升新冠肺炎疫情防控能力。注重对干部的日常监督和平时考察，要求各级干部做到守土有责、守土知责、守土担责、守土尽责。

【纪律作风建设】2021年，银川河东机场海关坚持“严”的主基调，深入开展“现场监管与外勤执法权力寻租”专项整治工作，共召开专题会议8次，刊发简报

14期，填写个人申报表52人次，谈心谈话52人次，纪法考试2次，撰写心得体会48份，其中3人心得体会得到银川海关通报表扬、9人心得体会在银川海关“专项整治”专栏刊登交流。梳理银川河东机场海关各岗位职责，形成重点问题清单25条风险点，廉政风险清单4条重点风险隐患。深入检视思想上和工作中存在的短板和弱项，通过完善制度、建立机制织牢监督的笼子，推动专项整治走深走实。深化准军事化队伍建设，强化内务规范管理，从工作纪律、队列训练、关容风纪、办公环境等方面抓起，持续巩固和提升内务管理水平。开展日常纪律作风专项整治，开展酒驾醉驾警示教育和监督检查，严格日常管理制度、请销假制度、考勤制度。

【新冠肺炎疫情防控工作】2021年，银川河东机场海关在银川海关统筹口岸疫情防控和促进外贸稳增长工作指挥部的有力领导下，圆满完成中电建沙特阿拉伯出入境包机和X国军机保障任务，实现了“打胜仗、零感染”。分别在2021年6月和12月组织开展了2次全流程实地入境航班疫情防控演练，每季度组织开展桌面推演演练，切实增强机场海关一线关员新冠疫情防控的实战经验，确保队伍随时处于迎战状态。组织举办“卫生检疫专业能力提升班”，提升卫生检疫岗位工作人员和新入职公务员的专业能力，进一步增强口岸一线关员新冠肺炎疫情防控的实战经验。持续优化完善分流航班、备降航班和包机工作方案，按照总署最新要求及时修订完善工作预案和“一机一策”方案，修订完善20个具体岗位的作业指引，随时做好应战准备。加强重点进口商品检验检疫情况监测，落实进口冷链货物监管要求，进行专项演练，强化口岸货物、物品疫情防控工作。

【全面落实总体国家安全观】2021年，银川河东机场海关旗帜鲜明坚持把监管放到第一位，严格口岸查验，筑牢口岸安全防线。加强进口固体废物监管，坚决防止“洋垃圾”流入，用好各类监管设备，提升口岸管控能力，把各类违禁物资拒之国门之外。

【快件监管】2021年，银川河东机场海关全年共监管国际进口快件9.42万票，全年通关货运总量247.69吨，总货值2,809.05万元，查验2,064票。2021年征收税款80.78万元，平均每百元征税比2.88元/票；征税报关单票数10,475票，征税报关单占比11.25%。查获禁止入境类物品3批次。2021年年初，在进口快件渠道首次查获1批外来入境花粉，经专家鉴定，确认送检的1批次花粉为野茉、三肋果、罂粟、水飞蓟等7种植物的混合花粉，7种鉴定物种均原产欧亚大陆，属于外来物种，总重1千克，为禁止进境植物。此次截获系总署部署外来入侵物种防控工作后，银川河东机场海关首次实现“零的突破”。在总署动植物检疫司、口岸监管司在2021年2月外来入侵物种口岸防控工作业务考核中，银川关区排名跃升至第13名，提升28个名次。

【货物监管】2021年，银川河东机场海关全年监管货物转关核销258票，审核放行166票，施封作业140票，强化口岸安全准入检查，全年无“洋垃圾”、固体废弃物、涉恐涉毒等物品进入口岸。积极开展进出口货物风险分析，及时报送风险动态4条，风险分析报告1篇，开展查验作业44票，查验异常10票，其中查获3票，实现了近三年银川海关关区货物渠道查货“零的突破”。

【跨境电商监管】2021年，银川河东机场海关着力建设跨境电商全模式的正面监管体系，机场海关共监管跨境电商保税进口“1210”模式下申报清单2,445票，总货值79.52万元，查验5票，查获禁止入境物品3批次，退运易燃爆危险品1批次。“9610”模式下申报清单2,614票，总货值64.55万元，查验670票。完成跨境电商“9610”转关业务6票。

【打私工作】2021年，银川河东机场海关深化全员打私理念，加强智能审图、两简案件办理等业务培训，向缉私部门移交缉私案件线索2起，报送风险分析15篇，媒体发布反走私新闻宣传稿件6篇。

【推动业务改革】2021年，银川河东机场海关进一步优化口岸营商环境，充分释放改革红利，全力支持贸易新业态发展。持续推进业务改革与政策创新，促进银川综合保税区和银川跨境电商综合试验区全方位高质量发展。保障宁夏首家跨境电商O2O体验店顺利开业，形成“保税备货—展示体验—物流配送”的完整闭环；完成智能卡口升级改造，完成智慧卡口建设；做好第五届中阿博览会保税展示商品通关保障，实现了首次在海关特殊监管区外开展网购保税进口商品保税展示；完成首票仓储物流类账册保税核查作业；积极推广“仓储货物按状态分类监管”政策，实现跨境电商商品全天候高效通关；推进国际邮件、国际快件、跨境电商海关综合监管中心建设。深化“放管服”改革、加强信息化建设，以更简便的流程、更高效的服务、更优质的体验，提升进出口企业的获得感。

【新闻宣传】2021年，银川河东机场海关媒体发布新闻9篇，在“银川海关12360”“银关政声”微信公众号发布文章16篇，点击量达到3,000以上，充分展现银川河东机场海关强化监管、优化服务、促外贸稳增长等多样做法。

【政务公开】2021年，银川河东机场海关准确把握新时代政务公开工作的职责定位和面临的新形势新要求，联系日常工作和业务实际，着力加强基层政务公开标准化规范化建设，提升公开质量。进一步细化政务公开的的范围、政务公开的内容、政务公开的形式。坚持把企业和群众最关心、最需要了解的事项作为政务公开的重点，向媒体发布反走私新闻宣传稿件6篇。将巡视整改和巡察整改工作同步推进、一体完成，规范对外发布信息的起草、审核工作，严格审批程序，所有文稿严格履行起草人自查、科室负责人审核、关领导审签的程序，明确主体责任，健全审核机制，不断提高政府信息公开的质量。

【法治建设】2021年，银川河东机场海关“三项制度”落实。严格落实党政机关主要负责人推进法治建设第一责任人工作机制，严格推进落实重大事项法治审核力度，完善依法行政制度体系，持续加强行政审批“一个窗口”建设，严格落实一次性告知、首问责任、顶岗补位、服务承诺、文明服务等服务制度，严格规范公正文明执法，严格落实执法全过程记录，全面保留执法痕迹。

把深入学习贯彻习近平法治思想作为一项重要政治任务，结合党史学习教育活动，全面纳入到党委理论学习中心组、党支部主题党日活动及党史学习教育每周学活动中，组织全员集体学习法律法规、规章制度以及总署重要法律政策文件。派员参加银川海关《中华人民共和国民法典》与海关执法专题讲座、新修订的《中华人民共和国行政处罚法》解读讲座，全员通过“钉钉”学习平台，自行学习“执法能力”模块的法律素养专题和法律实务专题等网络课程，促进一线关员执法能力形成。

围绕“深入学习宣传习近平法治思想 奋力谱写海关法治建设新篇章”主题开展“海关法治宣传日”活动，收集各类进出口监管法律法规宣传资料，采用企业微信群及现场监管双重方式，对往来办理业务人员、进出口企业开展进出口法律宣传贯彻，为机场海关日常执法与普法工作打下坚实基础。

兴庆海关

【概况】2019 年 10 月 24 日，兴庆海关正式挂牌成立，由原银川海关现场业务处和原宁夏出入境检验检疫局通关业务处组成，为属地海关，是隶属于银川海关的正处级下设机构。

兴庆海关内设办公室、业务一科、业务二科、稽查科。核定人员编制 25 名，处级领导职数 3 名，科级领导职数 9 名。当前在职在岗人员 24 人，驻村扶贫 1 人。在职在岗干部中，党员 22 人，占 87%。

【党的建设】2021 年，兴庆海关认真学习贯彻习近平新时代中国特色社会主义思想，坚决落实习近平总书记视察宁夏重要讲话精神，及时研究落实习近平总书记对海关工作的重要指示批示精神，切实增强“四个意识”、坚定“四个自信”、做到“两个维护”。严格落实《银川海关关于深入贯彻落实习近平总书记视察宁夏重要讲话精神实施方案》，按照任务分工，不断强化监管、做好服务，以踏石留印、抓铁有痕的劲头抓好落实。严格落实《中国共产党重大事项请示报告条例》，适时向银川海关机关请示报告有关重大事项，2021 年年初向银川海关机关书面报告上一年度落实全面从严治党主体责任情况。

2021 年年初，根据党中央决策部署，上级海关全面从严治党工作会议精神，结合本关全面从严治党形势和任务，召开兴庆海关全面从严治党工作会议，制定年度任务分解，明确责任分工和完成时限。每半年至少召开 1 次党委会议，专题研究本关全面从严治党工作，分析研判形势，研究解决瓶颈和短板，提出加强和改进的措施。认真贯彻执行民主集中制，严格落实党委工作规则、议事规则和决策程序，“三重一大”事项按照民主集中制原则进行集体决策。始终把党的政治建设摆在首位，提高政治站位，彰显政治属性，强化政治引领，增强政治能力，始终在政治立场、政治方向、政治原则、政治道路上同党中央保持高度一致，涵养良好的机关政治生态。

始终把习近平总书记重要指示批示精神作为行动号令，以最坚决的态度、最迅速的行动、最有力的措施不折不扣落到实处。持续开展政治机关意识教育活动，着力强化政治机关意识，提高政治能力，坚定政治信仰，自觉同党的政治路线对标对表，加强对工作思路、工作部署、工作措施的政治把关，坚决站稳政治立场，坚决执行党的政治路线。严格执行《关于新形势下党内政治生活的若干准则》等党内法规，不断提高党内政治生活质量，严明党的政治纪律和政治规矩，做到“五个必须”，防止“七个有之”。

深入开展党史学习教育，弘扬伟大建党精神，巩固深化“不忘初心、牢记使命”主题教育成果，推进“两学一做”学习教育常态化制度化，引导全体党员、干部坚定理想信念宗旨。严肃认真开好年度民主生活会，领导班子成员按规定对个人有关事项以及群众反映、巡视巡察反馈、组织约谈函询的问题实事求是作出说明，发生重大违纪违法案件、严重“四风”问题，及时召开专题民主生活会。制定的整改措施以适当方式公布，民主生活会情况及时在一定范围内通报。

深入贯彻落实中央八项规定及其实施细则精神，严格落实《中共海关总署委员会关于深入治理违反中央八项规定精神突出问题、进一步推进清廉海关建设的若干措施》，带头改进调查研究、精简会议文件、厉行勤俭节约，持之以恒纠正“四风”，反对特权思想和特权现象，严防隐形变异。从讲政治高度整治形式主义、官僚主义，坚决纠治贯彻落实党中央决策部署中的形式主义问题，切实防止“文山会海”反弹回潮。

履行廉政建设主体责任，坚定不移惩治腐败，支持和配合派驻纪检组履行监督责任，每半年至少会同派驻纪检组专题研究 1 次全面从严治党、党风廉政建设和反腐败工作。开展经常性的全面从严治党宣传教育，加强廉政警示教育，深入开展廉政文化创建活动，强化政治教育和政治训练，提高党员领导干部落实全面从严治党责任的意识和能力。落实制度治党、依规治党要求，建立健全本关全面从严治党制度，保障管党治党严起来、紧起来、实起来。把学原文、读原著作为学习教育的主要抓手，以党委理论学习中心组学习、党支部主题党日活动等为载体，组织党员干部原原本本学、全面系统学。组织开展“企业需要我们做什么、我们为企业做什么”大讨论活动，深化思想认识。坚持党建工作与业务工作同谋划、同部署、同推进、同考核，守责、负责、尽责，一以贯之、坚定不移推进全面从严治党向纵深发展，建设让党中央放心、让人民群众满意的模范机关。

【自身建设】2021 年，兴庆海关践行“人民海关为人民”理念，深化“放管服”改革，持续优化口岸营商环境，大力推进海关政风建设，提升政务服务质量和水平。把了解企业关切、群众期盼作为主要内容，灵活采取电话、书面调研和实地调研等方式，深入辖区企业察实情、听民意，听取企业的相关诉求和对海关工作的意见建议，为企业提供相关进出口法规、政策咨询服务。结合辖区企业特点，制定“我为群众办实事”项目清单，涉及15件实事。筛选重点帮扶企业名单，制订“个性化”帮扶计划，开展“一企一策”精准帮扶服务。

加强纪律建设，坚持严字当头，全方位管思想、管工作、管作风、管纪律，锲而不舍、一以贯之强化纪律养成，推进准军事化纪律部队建设，坚持完善全员准军事化集训、内务规范强化月等制度，培养雷厉风行、令行禁止的优良作风。

以提升组织力为重点，突出政治功能，加强党支部和党员队伍建设，深化“强基提质工程”，全力创建“四强”党支部，实现“支部强在科上”。兴庆海关所属业务一科获评“全国青年文明号”称号，这是兴庆海关成立后获评的首个国家级荣誉，也是继“全国五一巾帼标兵岗”称号后，再次获得国家级荣誉。

【监管业务】2021年，兴庆海关共计为自治区企事业单位办理333份减免税业务。其中，减免税审核确认业务110份，涉及商品货值5,787.56万美元，减免税款3,494.95万元（减免关税969.72万元，减免增值税2,525.23万元）。减免税后续业务受理《减免税货物使用状况报告书》的减免税申请人59家，共69份，其中6月30日（含）前提交的有33家，其后补充提交的26家。2020年办理减免税审核确认手续的企业，2021年已全部完成提交《减免税货物使用状况报告书》。减免税货物税款担保办理准予税款担保通知书154份。

深化签证“一体化”，全面实施“即到即签、单证容缺后补”。抢抓RCEP机遇，帮助企业择优选择更适合自身需求的自贸协定，享受相关协定税率。大力推广原产地证书“智能审核+自助打印”智慧审签模式，最大限度缩短企业申领证书时间。大力支持帮扶特色农产品出口，指导企业顺利获得出口食品生产企业备案资质，2021年第一季度特色农产品出口大幅增长，宁夏牛油产品首次出口吉尔吉斯斯坦。

加强现场执法关员知识产权执法培训，组织深入学习《中华人民共和国知识产权海关保护条例》和知识产权海关保护工作规程等法律法规。依托“钉钉平台”积极参与知识产权海关保护业务网上培训课程，高质量完成相关考试，进一步提升一线关员执法能力。

多形式宣传普及活动。以“全面开启知识产权强国建设新征程”为主题开展多形式线上线下宣讲活动，通过对报关大厅电子显示屏、关企工作群、“送法上门”等多种形式向企业推送宣传知识产权海关保护备案流程及作用，进一步增强全社会尊重和保护知识产权意识。

年内共查验进出口食品、动植物产品、危险化学品687批，拟制证书2,086份，先后走访摸排辖区重点出口企业25

家，所负责的产品未出现被境外通报情况。办结稽查12起，查发7起，稽查类别涉及加工贸易、通关监管及企业注册信息核对等多个领域。全年共完成各类核查113起，同比增长213.9%。其中企业信息核对类106起，进出口食品安全类6起，一般贸易归类核查1起，累计核查作业事项1,213项。发现问题85起，整体核查作业查发率75%，同比提升3个百分点，远高于全国海关上半年59.59%的查发率。完成年度出口食品风险监测工作。共按总署检测方案抽取样品31份，其中羊肉1份、羊肾2份、羊肝8份，蜂蜜20份，检测项目涵盖19大类共计108项残留监控项目，检测结果均符合出口产品质量要求。完成总署课题“2021年主要贸易伙伴技术性贸易措施研究报告”编写工作，报告内容涉及埃及、沙特阿拉伯、以色列、摩洛哥等4个主要贸易方的15条TBT措施研究，对其产生的影响及应对措施进行了整理分析，为我国相关企业提供了可借鉴建议。

根据相关文件要求，兴庆海关持续推进“多证合一”改革落地，自治区报关单位备案“多证合一”申报比例不断提升。截至2021年12月31日，兴庆海关共审核通过以“多证合一”方式办理报关单位备案67家，占同期备案企业总数的20%，同比增长644.4%。

进一步推广“提前申报”“两步申报”改革，将海关监管环节进一步“前推后移”，加大对进出口货物“提前申报、运抵验放”通关模式的利用率，鼓励企业在货物运抵前向海关提交有关单证数据，2021年出口提前申报率达90%。推动“两步申报”模式通关，分析关区符合“两步申报”企业，推动高级认证企业免担保措施施行。全年采取该模式报关单共计149份。兴庆海关积极推动企业使用“提前申报+高级认证企业免担保+两步申报”模式通关，解决“两步申报”中企业超时间完整申报及验估问题，进一步压缩整体通关时间。

【法治建设】2021年，兴庆海关围绕新海关发展大局，全面落实依法把关要求，重视普法工作，自觉增强法治意识，狠抓执法能力提升“五关”建设筑牢法治根基。

全力防范执法风险，提升一线工作人员法治意识。全面开展岗位大练兵，鼓励关员参加海关全员培训、海关e课堂、业务大比武及“兴庆小讲台”等，提升全员法治能力。

“以案释法”强化知识产权风险意识。通过对侵犯知识产权海关保护相关案例学习，增强对高风险商品的甄别和查发技巧。

年内，多措并举做好宣传，营造良好普法氛围。公开海关办事指南与监督方式；简化行政审批，优化内部核批，提高工作效率，真正做到便民、利民、惠民。向企业讲解海关办事流程及法律法规政策。张贴、更新海关办事指南及公告。打通企业了解海关业务的通道。推行“互联网+海关服务”模式，利用QQ群、微信群、微信公众号等方式，累计在关企服务热线、微信群里解答企业问题58个。积极开展法律宣传，提高企业法律知识水平，及时为企业答疑解惑。“送法”下企业，打通企业普法“最后一公里”。结合下企业监管，向企业发放各类宣传资料，与企业负责人探讨海关工作流程，以调查问卷的形式征求企业工作建议。

【队伍建设】2021年，兴庆海关加强干部队伍管理教育监督，激励干部担当作为，健全容错纠错机制，加大关心关爱力度，着力培养忠诚干净担当的高素质干部。强化纪律养成，推进准军事化纪律部队建设，坚持完善全员准军事化集训、内务规范强化月等制度，培养雷厉风行、令行禁止的优良作风。

利用“三会一课”充分开展对《海关内务规范》的全面学习，组织关员观看内务规范宣传片，对关员易忽视、易出错的部分进行重点解读，把内务规范相关要求内化于心、外化于行。积极组织参加银川海关机关内务规范应知应会考试，以考促学，确保学习成效。努力克服工学矛盾，合理安排人员，分上午、下午两批次同银川海关机关同步开展集中队列训练补训工作，训练时长累积达到9小时。严抠动作规范，组织队列会操，确保队列训练全员参加、不漏一人、保质保量。严格执行内务规范要求，组织开展关容风纪检查和内务督查，发现问题及时指出并予以纠正，切实达到训练有素、礼节标准、精神振奋的目标。

石嘴山海关

【概况】2008 年 6 月，总署批复设立银川海关驻惠农监管组作为银川海关驻石嘴山市的办事机构，办公地点为石嘴山市惠农区，2017 年变更为银川海关驻石嘴山办事处。2018 年 12 月，设立中华人民共和国石嘴山海关，隶属银川海关。2019 年 12 月，银川海关党委批准成立石嘴山海关党委。2020 年 9 月 21 日，石嘴山海关正式揭牌成立，正式以石嘴山海关名义对外承办石嘴山地区各项海关业务。

石嘴山海关设立科级机构 2 个，分别为办公室（党委组织宣传部）和综合业务科。现有干部职工 25 人，设立石嘴山海关办公室综合科党支部、银川海关第三团支部，其中行政编制在职人员 13 人、协管及工勤人员 12 人。行政编制在职人员中共有处级领导职数 3 名，党员 7 人，少数民族 1 人，硕士研究生 5 人，本科及以上学历 13 人、占总人数的 100%，干部队伍平均年龄 32 岁。

【党建工作】2021 年，石嘴山海关坚持“第一议题”制度化。石嘴山海关党委坚持以习近平新时代中国特色社会主义思想为指导，始终把习近平总书记重要指示批示精神作为行动号令，带头做到先学一步、学深一层。2021 年度开展党委会 12 次、党委理论中心组集中学习 15 次、专题研讨 6 次，推行形势分析及工作督查例会 5 次，深入学习贯彻习近平总书记重要讲话精神，深刻认识党的十九届六中全会的重大意义，切实把思想和行动统一到习近平总书记重要讲话精神和党中央决策部署上来。

石嘴山海关党委 2021 年修订 6 项管理制度，制定全面从严治党主体责任清单，制订贯彻落实“三重一大”决策制度实施办法，修订党委议事规则和决策程序，推进全面从严治党工作要点涉及的 42 项重点任务，发挥关键少数的“头雁效应”，确保党的理论和路线方针政策在石嘴山海关各项工作中得到全面贯彻落实。

为提升基层党建标准化规范化水平，依托“三会一课”建立常态化学习机制，完成内部支部改选、空缺补选工作，成立石嘴山海关办公室综合科党支部，持续培育“石实”支部品牌。2021 年开展 12 次主题党日活动，2次组织生活会。在支部的教育培养下，2名关员成为预备党员，2名关员成为发展对象，1名关员成为入党积极分子，使支部建在科上、强在科上。

石嘴山海关办公室综合科党支部作为联学联建中唯一的内陆海关、综合型执法一线科室所在支部，与总署企业管理和稽查司信用处党小组，上海、广州、黄埔、大连、济南、沈阳、深圳、青岛、南京9个兄弟海关开展“1+10”党建联学联建，开展主题党日活动8次，被人民网、《中国国门时报》报道。石嘴山海关辖区企业通过联学联建党建平台，参加总署信用办法修订、标准制定等工作，2条修订建议被采纳，展现关区认证队伍和高级认证企业良好风貌。

创新“党史周周学”模式，采取“集中学习+研讨交流”、“线上+线下”“党员公诺活动”“分享革命先辈红色家书”“缅怀国之伟人”等方式，每周通过微信群、党员讲党课、学习中央党校党史专题网络课程、观看党史教育电影的方式感悟先辈们英勇战斗的故事，营造党史学习教育良好氛围。依托周边红色教育资源，实地前往贺兰山烈士陵园、抗击新冠肺炎纪实展览，教育引导广大党员干部知史爱党、知史爱国。党史学习教育活动开展以来，组织“周周学”28期、支部党员党课11次、专题研讨6次，累计形成心得体会37份。

为激发银川海关第三团支部和青年理论学习小组活力，石嘴山海关联合石嘴山市创建文明城市指挥办，组织全体青年干部到责任路段参加“走上街头　文明劝导”志愿实践活动，进行公共环境整治和秩序维护。2021年广泛开展爱国卫生志愿服务活动累计约50余次、90余人次，激励全体干部职工传承雷锋精神，践行初心使命。

【巡视整改】2021年，石嘴山海关结合总署党委第十一巡视组的反馈意见和银川海关巡视整改初步分工，召开4次党委会、5次专题会，照单全收涉及石嘴山海关的5项主要问题及13项整改措施，2021年年底已全部整改完成。巡视整改工作于海关党委第十一巡视组、总署人事教育司选人用人巡视检查组、天津特派办巡视整改督查组的实地检查中获得充分肯定。

围绕3项长期坚持的巡视整改项目，对标总署、银川海关两级党委建立石嘴山海关形势分析及工作督查例会制度，形成整改台账，推进科室规范化建设，制订科室内部管理办法等7项，修订外勤管理办法等4项制度，建立长效机制，推动工作标准化、规范化，坚决杜绝整改问题反弹。

【党风廉政建设】2021年，石嘴山海关为进一步严肃党规党纪、树立正确的权力观，分别与党委委员、支部书记签订党风廉政、意识形态目标责任书，增强工作责任感。专题研究全面从严治党、党风廉政建设和反腐败工作6次，绷紧廉政意识，进一步完善党委统一领导、班子成员分工负责的工作格局。

开展“现场监管与外勤执法权力寻租”专项整治工作。2021年度召开专项整治工作会8次，成立关区领导小组与工作专班，制订实施方案，面向关区80多家企业做好宣传告知，通报“10+3+3+15”违纪违法案例。形成重点问题清单，涉及5个方面21项具体问题，制订廉政问题清单，涉及3类11项问题，提交心得体会19份，对照“三项清单”完成21项内容整改，接受总署专项整治第二检查组实地检查、银川海关关领导专项整治3次调研，及时传递廉政“最强音”。

打造良好政治生态。石嘴山海关党委制订经常性谈心谈话和廉政谈话实施办法，开展警示“教育周”“教育月”活动，全体人员围绕政治意识、廉政意识、风险意识和底线思维交流研讨。2021年开展节前廉洁提醒8次、集体廉政谈话8次，制定《关于深入治理违反中央八项规定精神突出问题进一步推进清廉海关建设的若干措施》细化清单和加强对“一把手”和领导班子监督细化清单，将监督贯穿于整个环节，营造海关良好政治生态。

【队伍建设】2021年，石嘴山海关结合巡视整改开展“内务规范专项整治”，定期开展廉政教育、内务规范督察。创新内务规范“背对背”互查模式，办公室和综合业务科对办公区域、个人内务等进行背对背互查，对现场检查发现的问题内部通报，锤炼闻令而动、遵令而行的过硬作风，培养忠诚干净担当的政治品格。

石嘴山海关开展十余次内部“小教员”培训，涵盖手卫生及防护服穿脱培训、常见人畜共患病传染病、9类业务系统操作、公文写作与处理等课程，将学习教育与工作实操结合起来，引导年轻干部不断提升履职尽责必备的政治素质、知识积累和实践能力，加强检验岗位资质、签证官资质、认证资质的获取水平，有效发挥“传帮带”作用，培养一支平均年龄32岁、忠诚干净担当的一专多能干部队伍，为石嘴山海关发展提供坚实的人才支撑。

派出5人次参加总署党委政治巡视、集中工作、系统开发、“钉钉”学习平台授课工作，重点强化抓管理、带队伍能力。2名干部脱产参加乡村振兴工作，1人参加总署党委巡视并获得优秀，1人参加海关企业信用管理制度改革配套系统建设、企业信用信息调查子系统改造完善等工作，提出的合并一般认证与一般信用企业等级的重点工作思路被新《中华人民共和国海关企业信用管理办法》吸收，讲授的多维度企业画像系统作为全系统培训课程。

举办“我们的节日”、包粽子“厨艺大赛”等活动，设立健身房、修缮篮球场，为扎根基层的干部安心工作创造良好条件。2021年10—11月，自治区新冠肺炎疫情防控进入应急阶段，石嘴山海关全体干部职工驻守一线，坚守岗位40余天，充分做到让组织放心、让群众满意，把讲政治的要求贯穿到海关工作的全领域各方面。

【业务建设】 2021年，石嘴山市进出口总值48.65亿元人民币，居自治区第2位，占自治区进出口总值的22.73%，同比增长24.80%。年内，石嘴山海关共检验查验货物4,000批次，石嘴山保税物流中心发展取得突破，化解枸杞出口壁垒，优化口岸营商环境，帮助石嘴山市企业享受RCEP政策实惠，提升企业获得感，守好监管底线，严防动植物疫情传出。

【业务改革与发展】 2021年，石嘴山海关参加地方政府“优化口岸营商环境专项行动实施方案”等数十项工作，参与全国优化营商环境填报工作及石嘴山市优化营商环境绩效考核，按照“一企一策”的原则为进口锰矿石等重点税源企业提供服务，不断提升检验监管效能、优化营商环境、推进“放管服”改革。

年内，石嘴山海关选派3人参加总署RCEP原产地管理信息化应用项目落地实施，参与监管政策制定、系统开发工作。利用专家组政策信息优势，开展RCEP的宣讲培训与政策解读，帮助石嘴山市企业掌握该协定的原产地规则与关税减让优惠办法。加快企业备案审核速度，严格退证核查，帮助企业适应海关原产地智能审核最新要求。2021年石嘴山市对RCEP成员方进出口值增长45.08%，主要商品有锂镍钴锰氧化物、硅铁，货值分别为26,831万元、20,210万元，较2020年同期增幅分别为91.10%、131.32%，提高石嘴山市企业整体外贸竞争实力。

年内，石嘴山海关联络进口货物货主、报关企业，在辖区多次会议、日常执法中宣传“两段准入”政策红利，帮助申报单位熟悉“提前申报”相关规定。2021年度开展“两段准入”业务企业2家，报关单11票，涉及钽矿、铁钽铌矿2种商品，进口货值6,131.9万元人民币，实现了口岸检查、目的地查验合并实施的改革要求，减少企业受检环节，降低通关时间，是宁夏回族自治区五市中唯一享受到“两段准入”改革红利的地区，是银川海关关区唯一开展“两段准入”的隶属海关。

年内，按照海关系统与市场监管部门联合抽查事项，动态调整“一单两库”，随机选取人员与石嘴山市市场监管局组成联合抽查组，重点核查生产和管理人员作业规范、企业环境卫生、食品加工过程安全性、车间仓库等方面共94个项目，要求企业整改未变更海关联络人信息、未校准实验室相关设备等问题。2021年，石嘴山海关共抽查4家/次，整改1家，未发现违法违规情事，全部按照“双随机、一公开”要求完成联合抽查任务。

年内，石嘴山海关党委领导班子成员多次开展企业实地调研，持续深入改革工作，优化口岸营商环境。2021年召开关企座谈会3场，深入了解石嘴市外贸企业核心需求，一线海关关员“手把手”教授11

项海关系统申报，扫清企业享受改革红利障碍的“最后一公里”，提高石嘴山市企业获得感。

【保税物流中心工作】2021年，在自治区优质牧草需求旺盛、国内市场无法满足需求的情况下，石嘴山海关积极支持企业进口牧草饲料，帮助保税物流中心运营企业结合自治区畜牧重点产业规划，以保税物流中心为平台打造区域性饲草料交易平台，支持保税物流中心疫情后业务稳步恢复。

年内查验均在4小时内完成，提高保税流转效率。年内，石嘴山流中心进口苜蓿草货值2,040万元人民币，扭转了2020年全年保税物流中心因新冠肺炎疫情影响贸易额为零的不利局面。

石嘴山海关定期实地察看运营单位问题整改情况，要求相关企业加强疫情防控工作，落实安全生产主体责任，严格作业人员安全防护，检查仓储消防安全情况，按照海关相关规定做好通行卡制发、保管，保持物流监控通路清晰通畅。全年对保税物流中心集中检查3次，发现3类5个问题，皆已整改完毕，宣传海关安全生产相关要求6次，覆盖辖区所有危险货物危险化学品生产企业。

【动植物检验检疫工作】2021年，石嘴山海关坚持依法把关，严格落实进出境动植物检疫相关规定，主动研究输入国官方网站标准，审查发现企业未申报输入国要求的检测项目的情况，要求企业严格按照法律法规，按照海关要求开展整改工作。2021年共接受出境种子申报12批次，货值32.67万美元，出口种子有番茄种子、辣椒种子、豌豆种子、菜豆种子、西葫芦种子、南瓜种子等20余种，定期管理出境种苗花卉生产企业并开展核查1次。

石嘴山海关坚决筑牢国门生物安全防线，对石嘴山市沙漠蝗、检疫性实蝇共7种病虫害实施监测，在保税物流中心、出口产品种植基地及周边设置17个监测点，对外来有害生物进行采集，组织专业人员开展不定期监测，填报口岸监测普查记录表，利用海关系统大数据优势，确保重点区域进出口产品质量安全。利用海关稽核查工作平台，加大出口种子监管力度，严格落实进出境动植物检疫相关规定。帮助企业梳理我国及输入国约定检疫项目，进一步规避国外退货风险。全年未发生境外通报石嘴山市出口产品存在病虫害的事件。

石嘴山海关主动向隔离场运营单位通报海关总署发布的部分国家牛结节性皮肤病等动物疫情信息，督促运营单位提高防范意识，密切关注贸易相对方所在国家或地区动物疫情发展态势，及时向地方主管部门报告异常情况，配合做好疫病检测和消杀处理。

【食品检验检疫工作】2021年，石嘴山海关为应对枸杞农残标准差异，与银川海关职能部门共同开展欧盟、美国、CAC及我国枸杞相关农残法规及标准的研究比对和风险分析，紧密配合总署做好与欧盟官方的谈判交涉工作，力争欧盟对枸杞干果有更为科学、合理的农残限量标准。5月，欧盟委员会卫生与食品安全总司致函总署，宣布解除对中国输欧盟枸杞所实施的加严检验措施，中国枸杞恢复正常对欧盟出口，为石嘴山市枸杞产业出口扫清技术障碍。

石嘴山海关紧盯绿色食品产业发展需求，积极参与国家枸杞、葡萄及葡萄酒检测重点实验室建设。依托海关技术中心专业力量，按照进口国要求对石嘴山市优势特色食品农产品进行微生物、农兽药残留、重金属等项目的检测监测，为石嘴山市枸杞、葡萄酒、供港蔬菜、牛羊肉等产品的出口提供强有力的技术支持。

石嘴山海关积极争取为辖区食品添加剂企业非法检商品出具健康证书，主动了解企业相关诉求，联系其他关区业务现场及银川海关职能部门，帮助企业非法检商品获得健康证书，企业成功领取健康证书后，每年将直接增加出口额近亿元，进一步扩大石嘴山市企业出口空间。

【商品检验工作】2021年6月3日关长刘世远于石嘴山海关召开危险化学品关企座谈会，会上结合“我为群众办实事”实践活动，向企业分发征求意见表，解答关于危险化学品日常查验监管、后续通关及政策解读等方面存在的具体问题，提高企业对国际贸易规则、安全生产认证的认识，督促企业严格落实安全生产法律法规、技术规范，有力增强关区危险化学品管理水平。

作为关区最大的危险化学品危险货物出口现场，石嘴山海关严格执行安全生产三年专项整治工作要求，严格落实“双人批批有资质、实地全程有记录”的工作要求，严格按照“申报—检验—出证”的流程办理业务。关注辖区40家企业业务增降、35种商品危险特性变化，年内新增出口危险化学品企业5家，新增监管危险化学品4种，新增监管危险货物4种。出口批次较多的危险化学品为戊二醛、反式-1, 2-二氯乙烯、偶氮二甲酰胺。2021年共受理出口危险货物包装性能检验申请共计87批，全年正常性能结果单尚未收到其他海关通报出现错误情况。2021年出具不合格通知单46份，较2020年增长了45倍，问题主要集中在包装破损、危险货物运输标签和危险公示标签使用不规范、内包装扎口不符合标准等。石嘴山海关持续保持严格监管态势、提高查发质量、做好培育工作，降低企业低级错误重复率。

根据企业反映“单一窗口”不能完整录入UN标记、部分项目无法修改等问题，石嘴山海关及时向总署系统服务热线反映，提出增加字段长度、开放部分修改项等4条建议，均被总署采纳，并于2020年2月1日正式启用。自《关于进出口危险化学品及其包装检验监管有关问题的公告》正式实施以来，石嘴山海关共解决相关政策问题4类21件，涉及15家危险化学品出口企业。

石嘴山海关逐一分析进出口商品质量安全不合格案例，从风险类型、危害源等方面入手，通过检验结果反馈相关建议，进一步防范质量安全风险，保障辖区进出口商品质量安全风险监测工作。2021 年向总署报送进出口商品质量安全不合格案例 21 条，涉及危险化学品及危险货物包装检验 2 类。

【务实服务举措】 2021 年，石嘴山海关结合“我为群众办实事”实践活动，建立实绩清单和重点民生项目清单，收集业务类、非业务类问题共 5 类 18 项，实行“政府—海关—企业”三方会商机制。2021 年为石嘴山市民大厅办事窗口提供直接办理业务清单 13 项、协助办理业务 6 项、配合办理业务 11 项、高层次人才服务指南 1 项，切实解决好群众最关心最直接最现实的利益问题。

2021 年 6 月，石嘴山海关开展技术性贸易措施影响调查工作，调研农食产品行业企业 5 家、化矿金属企业 2 家、橡塑皮革企业 1 家、贸易型企业 1 家，帮助石嘴山市企业扩大出口。在了解到辖区企业出口的反式 1, 2-二氯乙烯进口价格高于出口价格逾百倍、关键技术上长期受制于境外企业且属于潜在战略资源的情况后，第一时间分析商品用途及价格倒挂原因，主动调研形成支持该产品创新发展的专题报告。结合辖区危险化学品出口数量多、易发生违规风险的特点，分析全国海关稽查改革对辖区危险化学品生产企业带来的影响，2021 年完成企业调研报告 2 篇。

按照“月快报、季分析”模式及时向关领导、地方党政报告数据及贸易运行情况。结合贸易统计、业务统计不同模式，综合运用贸易统计、业务统计、海廉、企管可视化平台、多维度企业画像系统为风险研判、通关时效分析提供数据支撑。根据自身业务特点，按照危险货物包装、危险化学品、动植物和食品检验检疫监管、查验、石嘴山保税物流中心（B 型）监管、出口原产地证书签发、核查及联合抽查 7 个维度对业务进行手工统计。2021 年向石嘴山市委市政府报送贸易统计报告 8 篇、获批 4 篇，手工业务统计 7 期，为石嘴山海关业务发展提供决策参考。

针对外贸企业主要分散在惠农石嘴山市经济技术开发区、平罗太沙工业园区的特征，探寻“海关+企业+园区”的监管模式，与以园区为主线形成集中审核、集中查验、集中出证的工作流程，便利企业快速完成检验工作。园区内企业通过海关和园区管委会搭建平台形成企业间的沟通机制，加强海关执法监督、出口商品监管政策学习、企业间信息共享，做到执法标准透明、执法尺度统一、监管要求一致。

【政务管理】 2021 年，石嘴山海关在对外新闻宣传中做到人员、制度、方法“三到位”，在银川海关公开网站发布信息 6 条，“宁夏首次出口猴头菇柠檬茶”等新闻被中央级媒体转发。在“银川海关

12360”“银关政声”微信公众号平台发布文章14篇，数篇浏览量达到1,000以上。接受石嘴山市新闻媒体中心关于“优化营商环境”的专题采访1次，展现海关强化监管、优化服务、促外贸稳增长等多样做法。

年内，石嘴山海关规范发布政务公开信息，主动公开3次《石嘴山海关关于部门联合“双随机、一公开”抽查情况结果公示》，涉及辖区8家企业，完成1次依申请公开答复。建立《石嘴山海关依申请公开指南》，创建石嘴山海关政务公开邮箱，为政务公开工作长期有效的开展提供监督保障。

【法治建设】2021年，石嘴山海关严格落实党政机关主要负责人推进法治建设第一责任人工作机制，严格推进落实重大事项法治审核力度，完善依法行政制度体系，持续加强行政审批“一个窗口”建设，严格落实一次性告知、首问责任、顶岗补位、服务承诺、文明服务等服务制度，严格规范公正文明执法，严格落实执法全过程记录，全面保留执法痕迹。

把深入学习贯彻习近平法治思想作为一项重要政治任务，结合党史学习教育活动，全面纳入党委理论学习中心组、支部主题党日活动及党史学习教育每周学活动中，组织全员集体学习法律法规、规章制度以及总署重要法律政策文件。派员参加银川海关《中华人民共和国民法典》与海关执法专题讲座、新修订的《中华人民共和国行政处罚法》解读讲座，全员通过“钉钉”学习平台，自行学习“执法能力”模块的法律素养专题和法律实务专题等网络课程，促进一线关员执法能力形成。

围绕“深入学习宣传习近平法治思想奋力谱写海关法治建设新篇章”主题开展“海关法治宣传日”活动，收集各类进出口监管法律法规宣传资料，采用企业微信群及现场监管双重方式，对往来办理业务人员、进出口企业开展进出口法律宣传贯彻，为石嘴山海关日常执法与普法工作打下坚实基础。

中卫海关

【概况】中华人民共和国中卫海关是宁夏首个揭牌运行的隶属海关，受银川海关直接领导。2019 年 7 月 5 日，中卫海关正式揭牌成立，依法承办中卫市、固原市、吴忠市同心县及红寺堡区的进出境货物及物品监管、检验检疫、企业管理、海关统计、保税仓监管、行政审批“一个窗口”等海关业务。中卫海关设立科级机构 2 个，分别为办公室（党委组织宣传部）和综合业务科。现有干部职工 18 人，设立中卫海关办公室党支部、中卫海关综合业务科党支部、银川海关第四团支部，其中行政编制在职人员 10 人、协管及工勤人员 8 人。行政编制在职人员中共有处级领导职数 3 名，党员 6 人，少数民族 1 人，硕士研究生 1 人，本科及以上学历 10 人，占总人数的 100%，干部队伍平均年龄 35 岁，是一支年轻的队伍。

2021 年，中卫海关以习近平新时代中国特色社会主义思想为指导，深入学习贯彻党的十九大和十九届历次全会精神，认真贯彻习近平总书记重要指示批示精神和视察宁夏重要讲话精神，坚决落实党中央重大决策部署。中卫海关在银川海关党委的坚强领导下，围绕 2021 年银川海关重点任务分工，统筹新冠肺炎疫情防控和促外贸稳增长，扎实推进落实各项工作任务，较好地完成了全年各项工作。

【政治机关建设】2021 年，中卫海关始终把学习贯彻习近平新时代中国特色社会主义思想作为首要任务，坚持“第一议题”制度，对习近平总书记重要讲话精神和重要指示批示精神做到第一时间学、反复深入学。党委书记切实履行推进法治建设第一责任人职责，纵深推进关区法治建设。2021 年开展党委理论学习中心组（扩大）学习 18 次，引领示范各级党员干部紧抓日常学习，强化理论武装。把学习贯彻党的十九届六中全会精神作为当前和今后一段时期的重要政治任务，按照银川海关机关安排，第一时间通过党委会、党委理论学习中心组学习、形势分析及工作督查例会、支部主题党日活动、“晨学一刻”学习活动等形式切实抓好学习贯彻。认真开展党史学习教育，根据银川海关阶段性工作安排，制定中卫海关工作任务表并抓好组织实施，通过开展专题学习、集中研讨、党委班子成员讲专题党课、普通党员讲专题微党课等一系列活动，推进党史学习教育走深走实走细。

【强化监管能力】2021 年，中卫海关切实落实总署新冠肺炎疫情防控部署，严格执行银川海关机关及属地防疫要求，不断强化内部管理，加强执法一线人员培训考核，建立联防联控机制，确保新冠肺炎疫情防控各项措施不折不扣落实。党委班子严格落实安全生产责任，强化危险货物安全监管，制定规范工作流程，定期分析辖区危险化学品出口情况。积极落实“国门利剑 2021”“蓝天 2021”专项行动部署，加强进出口动植物检验检疫监管，全年共抽检出口种子 89 批次，其中 3 批次检出有害生物，签发《出境货物不合格通知单》不予出口；深化“双随机、一公开”监管作业，联合市场监管部门开展联合核查 2 次；严格落实目的地检查要求，共查验医疗器械、旧家具等进口商品 9 批次。2021 年，中卫市外贸进出口总值 28.31 亿元，同比增长 53.22%，发展韧性持续显现。

【聚焦地方产业发展】2021 年，中卫海关聚焦自治区九大重点产业，立足辖区实际，助推辖区枸杞、肉牛和绿色产品产业高质量发展。在基地备案、风险预警、实验室检测、隔离检疫场所建设等方面，积极提供政策指导和帮助。设置专人专岗保障供港活牛质量安全，持续缩减供港活牛出口通关时间，保障通关零延时，全年共检验检疫供港活牛 726 头，价值 1,698.41 万元，同比分别增长 51% 和 58%；助力企业用足用好海关各项认证通关便利措施，全年共签发各类原产地证书 320 份，涉及金额 8,585.85 万美元；深入推进“两步申报”“两段准入”“两类通关”等重点改革项目落地，深化“证照分离”改革，分类推进审批制度改革，出口食品生产企业备案申请由 20 个工作日压缩到当日办结；深入开展“我为群众办实事”实践活动，列出项目清单 7 件并全部完成；积极发挥海关统计辅助决策作用，定期向中卫市委市政府报送海关工作专报，获得市委主要领导批示 5 次。

【巡视整改工作】2021 年，中卫海关认真学习习近平总书记关于巡视工作的重要指示批示精神，深刻认识巡视整改的重要意义和政治属性，根据总署党委巡视反馈问题整改工作要求以及银川海关机关巡视整改工作安排，强化组织领导，成立本关巡视整改领导小组，制订整改方案，针对巡视反馈的问题逐条分析原因，认真研究整改措施，明确责任人和完成时限，狠抓整改落实。对涉及中卫海关的 2 个方面 5 个问题制定了 10 条整改措施，坚持立行立改、举一反三、标本兼治。根据银川海关党委要求，针对相关问题严肃召开专题组织生活会，抓好成果转化应用，高标准高质量完成整改任务。

【全面从严治党工作】2021 年，中卫

海关扎实开展“现场监管与外勤执法权力寻租”专项整治，全面梳理各业务领域、业务岗位风险隐患，按要求组织开展干部职工违规事项个人申报、问卷调查。通过在业务现场张贴海报、向辖区企业发送公开信等方式，公开举报方式，主动接受监督。开展专项整治集中学习14次、谈心谈话7人次、撰写学习心得13篇。强化干部日常管理监督，严格落实中央八项规定精神，巩固深化酒驾醉驾治理成效，从严落实准军要求，坚持“节前教育、节后通报”机制。充分运用好执纪监督“四种形态”特别是“第一种形态”，做到防微杜渐、抓早抓小。通过党委委员讲廉政专题党课、开展领导干部廉政警示教育等活动，组织干部职工观看警示教育片、学习典型案例，不断提高廉洁从政意识和拒腐防变能力。

【夯实基础建设】2021年，中卫海关以深入开展党史学习教育、巡视整改、“现场监管与外勤执法权力寻租”专项整治为契机，着力加强内部管理，教育引导干部切实增强纪律意识、规矩意识和责任意识，努力提升工作规范性、严谨性。以健全内部管理制度、提高制度执行力为抓手，全面加强关区制度建设，制定印发本关外勤管理、财务报销、公务用车等5项制度。组织关员积极参加总署2021年进出口危险货物及其包装检验监管考试，目前全关80%关员通过考核取得资质，干部专业素质进一步提高。在银川海关党委的大力关心支持下，年底中卫海关科级机构及人员全部配备到位，队伍建设持续优化。积极落实“支部建在科上”的要求，根据银川海关党委相关要求，严格按程序完成新成立的办公室党支部、综合业务科党支部换届选举工作，基层党建进一步加强。合法合规积极争取地方财政支持，保障关区建设发展需要。

【优化营商环境工作做法及成效】2021年，中卫海关全面实施进口“两步申报”。全力推广进口“两步申报”模式，“一对一”向辖区进口企业宣传推广“两步申报”流程及优势，鼓励企业采用“两步申报”模式申报进口货物。为辖区进口企业做好“全流程”服务，做好政策宣讲、业务指导等工作，待有企业实际开展“两步申报”时，务求企业申报一次通过、一次解决。

推行内部核批“一步作业”。截止目前，中卫海关各项海关业务作业事项已实现内部核批“一步作业”。在做好新冠肺炎疫情防控同时，积极支持企业复产复工，在企业办理注册备案、检验检疫证书及原产地证书申领等业务方面，积极推广网上预约、“不见面”办理，简化流程，便利企业。

完善“提前申报”制度。进一步优化进出口“提前申报”功能，明确容错机制：“提前申报”模式下修改进口日期，以及由于装运、配载等原因造成货物变更运输工具的，不予记录报关差错。如，关区重点企业采用“提前申报”模式申报进口锰矿石，在舱单传输后、货物抵达港区前，企业可直接向口岸海关办理进口申报手续，进一步缩短货物通关时间，降低企业通关成本。

实行快速分类验放。优化供港活牛、新鲜苹果、进口种鸡等鲜活时效性产品检验检疫流程，企业申报后，对未抽中安全风险重点监控的产品立即放行，对抽中查验或监控的产品，第一时间查验送检，符合要求及时出具检验检疫证书，快速放行。

优化关税征管全流程服务。积极向辖区企业宣传推广关税保证保险、属地纳税相关政策措施，引导企业开展关税保证保险业务，鼓励一般信用及以上企业与保险公司签订《关税保证保险投保单》《投保人承诺函》，以关税保险担保方式实现货物“先放行后缴税”，缓解企业资金压力。全力推广和指导企业自助打印出口原产地证书，方便企业享受优惠协定税率，目前已有17种原产地证书可实现自助打印。

提高政策措施透明度。积极发挥职能作用，深入了解企业需求，组织开展专题、专项培训，同时充分利用各类媒体，广泛开展各项内容的政策宣传，提高企业对各项改革措施的熟悉和认知程度，使进出口企业最大化享受相关政策和改革红利。

【中卫市外贸基本情况】据中卫海关统计，2021年1—12月中卫市外贸进出口总值28.31亿元，同比增长53.22%，占同期全区进出口总值的13.23%。其中，进口9.18亿元，同比增长10.72%，占全区进口总值的23.39%；出口19.13亿元，同比增长87.79%，占全区出口总值的10.95%；贸易顺差9.96亿元，同比增长423.81%。

【快速通关情况】2021年，中卫海关建立关长直通服务责任制、关员对接服务责任制，为出口企业提供“一对一”直通服务。设置“绿色通道”，保障生鲜产品通关零延时。开辟专门业务窗口，保障企业生产原料、防护用品、药品、医疗救治器械等物资快速通关。

【进出境动植物检疫】2021年，中卫海关共受理出境植物种子检验检疫申请193批次，中卫海关严格按照风险管理要求和系统布控指令做好检验检疫监督管理，共实施现场查验和抽样送检89批次，其中3批次检出有害生物，签发出境货物不合格通知单，不予出口。全年共受理出境新鲜蔬菜检验检疫280批次。全年共检验检疫供港活牛726头。全年共检验检疫出口羊绒7批次。

【危险货物安全监管】2021年，中卫海关共受理出境危险货物运输包装使用鉴定申请704批、83.58万件，出具出境危险货物运输包装使用鉴定结果单1035份。受理出入境货物包装性能检验申请45批次、18.9万件。

【原产地签证管理】2021年，中卫海关依托“互联网+海关”和国际贸易“单一窗口”平台，全面推行出口货物原产地证书智能审核和自助打印，实现“秒过秒签”，全程“零接触”服务，全年共签发各类原产地证书320份，涉及金额8,585.85万美元。

【“证照分离”改革】2021年，中卫海关分类推进审批制度改革，对“报关企业注册登记”“出口食品生产企业备案核准”实施备案管理，出口食品生产企业申请由20个工作日压缩到当日办结。全年出口食品农产品79种（与去年同期相比新增3种），出口总值4.38亿元，同比增长13.76%，占出口总值的22.89%。

【“双随机、一公开”监管】2021年，中卫海关实施跨部门联合执法，提高监管效能，减轻企业负担。全年联合中卫市市场监督管理局开展联合执法2次，切实为企业创造便捷高效、公正监管的营商环境。

【支持特色优势产业】2021年，中卫海关聚焦自治区九大重点产业中的枸杞和肉牛产业，发挥海关职能优势，在风险预警、实验室检测、隔离检疫场所建设等方面积极向企业提供指导帮助。通过对出口枸杞及其制品实施“抽批抽中+审单放行”监管模式，实现了98%以上的产品“即报即放”，通关时间持续压缩。设置专人专岗保障供港活牛质量安全和通关零延时，全年共检验检疫供港活牛726头、价值1,698.41万元，同比分别增长51%和58%。

【专项行动开展情况】2021年，中卫海关根据总署“国门利剑2021”“蓝天2021”专项行动部署，认真落实打击象牙等濒危物种及其制品、洋垃圾走私等相关工作。严格落实目的地检查要求，共查验医疗器械、旧家具等进口商品9批次。

【提升服务水平】2021年，中卫海关着力提升服务水平。一是持续激发新的外贸增长点。深入企业开展海关政策宣传，助推企业转型升级。2021年，宁夏某钢铁公司自营申报进口铁矿砂总值2.19亿元，同比增长33.17%，占中卫市进口总值的23.86%，促进中卫市外贸产业结构进一步优化。二是充分发挥海关统计分析和监测预警作用。向中卫市委市政府报送工作专报12期，为领导科学决策提供参考。及时研究国外技术性贸易措施，积极指导企业有效应对风险挑战。三是认真做好企业信用培育工作。积极搭建关企合作平台，帮助企业提升内部管理水平，强化政策宣贯，使企业更快享受各项优惠政策和认证通关便利措施。

【首次出口危险化学品“2-氯-5-氯甲基吡啶DMF溶液”】2021年3月18日，宁夏相关公司出口危险化学品“2-氯-5-氯甲基吡啶DMF溶液”这是宁夏地区首次出口该产品，该产品属于危险货物第8类腐蚀性液体，申报重量4吨，出口至印度。中卫海关发挥职能优势，认真做好政策指导，确保出口危货包装符合检验规定和安全标准。

【首次出口危险货物单氰胺】2021年3月18日，中卫海关主动向企业负责人讲解国际、国内对危险货物在运输中所涉及的相关法律法规要求，告知企业办理危险货物出口时的通关流程和需要提供的单证资料，结合出口货物的特性对包装要求、标签、防护、存储等进行详细讲解与指导，进一步强调“企业是安全生产第一责任人”，帮助企业负责人筑牢“安全第一”的底线思维，顺利完成关区第一批单氰胺出口危险货物及其包装使用鉴定。

【首次开展出口危险货物包装性能鉴定送检工作】2021年6月8日，按照出口危险货物包装实施检验周期相关要求，对宁夏相关制桶公司生产的三种型号规格的钢桶进行抽样，并按照要求首次送往天津海关工业产品安全技术中心进行性能鉴定。在做到严格按要求抽样的同时，中卫海关关员结合党史学习教育，听取企业对海关工作意见建议及办理周期检验业务时遇到的问题和困难，热情服务企业，当日高效完成送检。

【对首家进境动物隔离检疫场开展验收工作】2021年6月17日，中卫海关按照《中华人民共和国进出境动植物检疫法》有关规定，对隔离场从进场到出场流程各个环节进行检查，重点对门卫安保设施与消毒设备，生产区与生活区的隔离措施，员工消毒通道，围网的设置，视频监控等进行检查。中卫海关负责人实地跟班作业，并结合党史学习教育，听取企业办理海关检验检疫业务时遇到的问题和困难以及对海关工作的意见建议，就进口国技术性贸易措施、地方政策、对外宣传等进行深入交流。

【首次对进口意大利养鸡设备零部件开展属地查检工作】2021年7月22日，中卫海关赴固原市原州区开展进口养鸡设备零部件开展收低查验工作，该批设备进口自意大利，彼时意大利新冠肺炎疫情防控形势严峻。查验关员严格按照《口岸监管司 卫生检疫司关于进一步强化口岸现场重点查验岗安全防护工作的通知》要求，有效防范安全防护不到位的风险隐患，切实落实好现场重点查验岗安全防护工作，确保“打胜仗，零感染”。

【首次查验出口新鲜蔬菜】2021年8月25日，中卫市相关蔬菜种植公司申报出口的5.154吨新鲜蔬菜经中卫海关检验检疫合格后放行，发往马来西亚。这是中卫海关首次受理新鲜蔬菜出口前监管申请，了解企业申请意向后，中卫海关积极与企业沟通，告知申报注意事项和检验检疫相关要求，指导企业规范申报，确保新鲜蔬菜快速通关。

【“跟踪服务”助力出口蔬菜企业首次查验抽检顺利通关】2021年11月3日，中卫海关关员赴中卫市相关蔬菜种植公司开展出口新鲜蔬菜进行现场查验及抽样送检，这是中卫海关首次开展此项业务。一是指定专人做好企业沟通协调工作，了解蔬菜保鲜、仓储、运输等基本情况，通知其提前做好抽检各项准备工作；二是及时对接技术中心，在其指导下确保抽样送检准确、高效完成；三是严格按照属地新冠肺炎疫情防控相关要求，安排一线人员做好查验抽检个人疫情防护工作。

【首次办理红酒出口业务】2021 年 12 月 16 日，中卫海关辖区汇达酒庄申报出口的 48 箱红酒经中卫海关检验检疫合格后放行，发往德国。这是中卫海关首次办理红酒出口业务，在了解企业申请意向后，中卫海关积极与企业沟通，帮助企业完善自检自控体系建设，提升质量安全管控水平。聚焦出口目标国市场准入等要求，及时向企业提供相关资讯，从申请备案、制作标签、报检、抽样送检、拟证出证等各个环节积极告知企业注意事项和检验检疫相关要求，指导企业规范申报。针对进口国急需供货的时限要求，中卫海关安排专人跟进服务，开辟快速通道，提供预约通关服务，及时与报检公司、酒庄沟通，高效率解决堵点，确保该批红酒快速通关。

【首次核查进境遗传物质企业】2021 年 12 月 22 日赴泾源县某企业对进境遗传物质开展核查工作。一线执法关员按照《中华人民共和国进出境动植物检疫法》《进境动物遗传物质检疫管理办法》相关要求，主要对企业海关备案信息、经营档案建立情况、进境动物遗传物质存放情况、相关记录和监管档案保存备案情况、受体动物及其后裔追溯及建档情况进行核查，对进境动物遗传物质保管库和实验室进行现场检查。同时对企业负责人和相关人员开展了《中华人民共和国生物安全法》的宣讲。

【获得荣誉情况】2021 年，中卫海关被中共中卫市委员会和中卫市人民政府评“2020 年度支持地方经济发展先进单位”。

第六篇

直属事业单位

银川海关技术中心

【概况】2021 年，技术中心政治建设不断得到加强，实验室技术能力不断得以提升，“科技兴关”工作稳步推进。按照“党建业务融合、党员创先争优”要求，坚持将创建学习型党支部、推动党的政治建设作为核心思想，严格落实“三会一课”制度。检测能力由 2017 年认可项目 2,545 项发展到 2021 年的 5,150 项，检测参数增长了一倍。技术能力覆盖枸杞、农产品、葡萄酒、商品检测鉴定、动植物检疫、食品、化妆品、水、土壤等 42 个领域。其中食品类检测能力为自治区第一，并稳居西部地区前列。

2018 年国家机构改革以后，技术中心坚持以习近平新时代中国特色社会主义思想为指导，坚决贯彻习近平总书记视察宁夏重要讲话精神，不折不扣落实习近平总书记重要指示批示精神和党中央、国务院重大决策部署。紧紧围绕“五关”建设要求，以政治建设为统领，以科技创新支撑高质量发展，统筹推进三个体系建设。弘扬劳动精神、工匠精神，坚持苦干实干，推动科技创新在口岸疫情防控、服务自治区九个重点产业发展、构建新发展格局和保障自治区生态安全中发挥重要作用，助力自治区实现了“十四五”良好开局。先后获评“自治区青年文明号”“全国海关系统工作先进单位”“全国海关系统科技先进单位”“自治区工人先锋号”等省部级荣誉称号。

【政治建设】2021 年，技术中心坚持用习近平新时代中国特色社会主义思想武装头脑。技术中心认真开展党史学习教育，开展专题研讨学习 3 次，开展 5 次党史党课，召专题组织生活会 1 次，认真开展“我为群众办实事”实践活动 10 项。坚持“第一议题”制度，认真学习贯彻落实习近平总书记重要指示批示精神。

按照“党建业务融合、党员创先争优”要求，坚持将创建学习型党支部、推动党的政治建设作为核心思想，严格落实“三会一课”制度。组织党员为自治区出口企业开展“枸杞检测技术培训”；为各隶属海关和各级市场监管部门开展检测技术培训；组织党员学习非洲猪瘟检测技术，食品中农兽药残留、重金属检测方法，食品添加剂、营养强化剂及婴幼儿乳粉法规标准及检测技术，固体废物检测技术培训。为党员过政治生日，唤醒初心使命，牢记自己的第一身份是共产党员、第一职责是为党工作。

技术中心先后派遣多名党员干部到中宁县徐套乡原套村开展驻村帮扶工作；谋长远推动产业增收，完成了有机枸杞种植基地实地调研及配套设施建设等工作，将原套村发展成为北京同仁堂的药材种植基地；重真情关爱校园，为固原市西吉县沙沟乡陶堡村小学购买了乒乓球台、篮球、足球等文体器材，解决学校师生开展文体活动难的实际困难；走访慰问宁夏儿童福利院，对宁夏儿童福利院进行物资捐赠，在会场集体重温入党誓词，回忆入党初心；用真心呵护村民健康，为盐池县狼洞沟村提供井水、地下水和自来水的免费检测，全面保障村民用水安全。

开展“参观稻渔空间、追寻习总书记脚步”主题党日活动，进行专题座谈，对习近平总书记视察宁夏重要讲话精神深入研究学习，就如何发挥海关作用，体现海关担当开展广泛讨论，以党建促业务，推动党建工作与业务工作深度融合。

受银川海关驻王湾村扶贫工作队委托，技术中心免费为王湾村炸油扶贫车间生产的精炼食用胡麻油进行全项检测，并就胡麻油生产工艺提供改进意见，及时为农户胡麻油生产提供有力的技术支持和保障，助力扶贫组所在地企业顺利获批食品生产许可证书。

【能力提升】2021 年，技术中心始终坚持人才导向，深化科技人才队伍建设，大力培养和引进优秀技术人才。技术中心共有 1 名正高级工程师、6 名副高级工程师、15 名工程师、60 余名专业技术人员。实验室体系建设更加完备，技术中心不断加大实验室建设投入力度，建有 6 个专业实验室、3 个国家级重点实验室，实验室用房占地 1 万平方米，各类检测设备价值 1 亿元，是一支强有力的战略科技队伍。

技术中心按照“依法检验、公正客观、结果准确、服务规范”的质量方针，坚持以提高检测质量为核心，以重点实验室建设为突破口，建立健全实验室质量管理和技术保障体系，针对重点进出口产品和检测市场的需求，深入实施检测项目攻关，拓展检测范围、提升检测效率。在食品、化妆品、饮用水、硅铁产品、动植物检疫等领域有计划、有步骤地开展了能力建设工作。2018 年以来开展能力验证 100 余次，集中开展了十余次扩项和复评审工作。检测能力由 2017 年认可项目 2, 545 项发展到 2021 年的 5, 150 项，检测参数增长了一倍。技术能力覆盖枸杞、农产品、葡萄酒、商品检测鉴定、动植物检疫、食品、化妆品、水、土壤等 42 个领域。其中食品类检测能力为自治区第一，并稳居西部地区前列。

2021 年被农业农村部评定为“全国名特优新农产品营养品质评价鉴定技术机

构”，是宁夏地区唯一一家全国名特优新农产品营养品质评价鉴定技术机构。

【守护国门】2021 年，技术中心坚决贯彻习近平总书记关于维护生物安全的重要指示批示精神，始终牢记“国之大者”，以高度的责任感和扎实的技术力量，坚决维护国门生物安全，创造良好生态，建设优美环境，细心呵护宁夏绿水青山。

技术中心积极开展“国门绿盾”行动，严格进口货物法定检验检测，开展外来杂草、红火蚁等口岸外来有害生物监测，严厉打击非法引进外来物种和种子苗木，严密防范非洲猪瘟等动植物重大疫情疫病传入，坚决阻止“洋垃圾”入境口岸。严格开展外来有害生物监测，完成进出口种子病毒检测共 181 批次，检测出十余种入境有害生物，监管供港活牛 726 头，对快件猪肉类商品进行非洲猪瘟检测和销毁，2 次完成固体废物属性鉴定，精准识别走私入境的洋垃圾。严格开展供港蔬菜农残风险监控 180 批次，供港肉制品兽残风险监控 12 批次，口蹄疫检测 30 批次。对进口种羊 4,000 余批次开展血清采集和血清分离工作。精准监测口岸卫生监督抽检样品、航空器饮用水、口岸食品抽检样品等共计四百余批次。

自新冠肺炎疫情暴发以来，技术中心按照银川海关党委的部署，积极配合银川关区各隶属关的出口查验。将服务前移后延，尽力压缩检测环节周期并提高检测结果运用效率，积极保障出口企业的复工复产。

【精准服务自治区重点产业高质量发展】2021 年，技术中心全面贯彻新发展理念，紧紧围绕自治区九个重点产业发展战略部署，坚持创新驱动，助力科技强区，结合内陆地区特色优势产业发展实际，充分发挥海关职能作用和技术优势，推动自治区重点产业高质量发展，对外开放水平逐步提升，为自治区经济发展做出了突出贡献。

主动应对国外技术性贸易措施，助力提升优势农产品质量效益。针对欧盟官方对中国枸杞干果进行加严检验措施的问题，技术中心第一时间对欧盟、美国、国际食品法典委员会（CAC）及我国枸杞相关农残法规及标准进行研究比对和风险分析，撰写评估报告，为总署与欧盟谈判交涉提供技术资料支持，敦促欧盟对枸杞干果的农残问题进行合理评估并尽快制定科学合理的农残限量法规，推动欧盟于 2021 年 6 月解除了对中国输欧盟枸杞所实施的加严检验措施，意味着中国枸杞恢复正常对欧盟出口。时任宁夏回族自治区党委书记陈润儿以及自治区政府、人大等主要领导同志对此项工作作出批示予以表扬，该工作也被列为 2021 年自治区枸杞产业高质量发展“取得重大突破的六项工作”之一，受到了广大企业群众的认可和好评。同时，开展 2 万个葡萄及葡萄酒项目检测及数据分析，促进 200 万株葡萄种苗顺利进口，酿酒用橡木桶进口税率由 12% 降至5%。

积极开展检测技术研究，服务企业质量提升需求。中心当前通过CNAS和CMA认可项目达5,150项，覆盖枸杞、葡萄酒、牛羊肉、绿色食品等特色优势产品的检测标准和能力范围，在枸杞干果农药残留、营养品质指标、产地溯源等检测技术方面处于国内领先地位。依托国家枸杞、葡萄及葡萄酒检测重点实验室，技术中心对相关重点产业产品进行专项研究，助力宁夏枸杞品牌建设，其中“枸杞制干工艺对枸杞品质影响相关研究”获得崔波、董玲等自治区领导的批示和肯定。

精准回应企业需要，还惠于企谋利于民。在抗击新冠肺炎疫情过程中，技术中心坚持促外贸、保供给、减负担，为企业开通“绿色通道”实行快速检测，对进出口防疫物资进行加急检测，降低企业委托服务检测费用，开展对口服务关心帮助小微企业，全力支持企业复工复产。精准助力中宁枸杞产业高质量发展，先后投入资金、设备2,000余万元，设立国家枸杞检测重点实验室中卫实验室，辐射服务周边地区。成立检测技术专家团队，开展农残监测、技术培训，为当地企业提供化肥、土壤、水质和枸杞等免费检测服务，每年开展约200个批次的质量研究和8万项次以上的分析检测，撰写完成中国枸杞主产区有毒有害物质分析评价报告，为中宁县枸杞生产企业累计免费检测枸杞干鲜果、枸杞汁及其他深加工产品4,035批次，为企业节省检测费用达300万元。

建立国家枸杞检测重点实验室枸杞研究示范基地，采取“产、学、研”结合的发展方式，研究和推广有机枸杞标准化、科学化、规范化种植管理，以此为抓手建立产业协会，组织一批枸杞企业申报科研项目，提升枸杞产品质量和商业附加值，提升中宁枸杞品牌整体形象。根据宁夏特色农产品及枸杞产业发展实际，技术中心撰写了宁夏枸杞产业高质量发展技术路线，融汇认证认可、法律法规、检验检测、植物保护等方面技术，为宁夏枸杞产业高质量发展提供科学建议。技术中心研究团队撰写专著《宁夏枸杞国内外技术研究》。

【社会服务】自2010年起，技术中心连续11年承担宁夏地区食品安全监督抽检和风险监测检验任务。在社会关注的瘦肉精、苏丹红、三聚氰胺、塑料粉条和火锅底料添加罂粟壳等食品安全事件中，检测结果准确及时，得到了宁夏市场监管机构的多次肯定表彰。2021年完成法检及社会委托检验共计1,349批次，检测项目118,221项。

2020—2021年，中宁县人民政府出台了《中宁枸杞控销方案》，进一步凸显中宁枸杞道地性和稀缺性，增强市场竞争力，多措并举实现中宁枸杞产业持续健康发展。技术中心中卫实验室作为中宁县政府指定检测机构，多措并举开展枸杞检测服务工作。一是节假日无休、长期安排抽样人员驻扎古城子乡服务“保真仓”控销枸杞，并要求实验室在4个工作日内出具检测报告，该报告将作为该批次枸杞是否允许进入“保真仓”的权威检测依据。二是积极开展免费检测宣传工作，号召枸杞企业、种植户主动送检枸杞样品，提供免费检测服务，使企业实时了解产品质量情况，督促出口企业健全质量管理体系，严格落实企业质量主体责任。三是积极开展枸杞种植土壤、水质、肥料等投入品环节质量检测工作，每季度撰写枸杞及枸杞投入品质量检测分析报告提交中宁县政府，为中宁枸杞的质量提升和品牌效益提供技术支撑。

2021年9月，第二届“贺兰山东麓葡萄酒国际学术会议”在银川举办。技术中心国家葡萄及葡萄酒检测重点实验室研究团队受邀，副主任陈林在大会上做了主题为《葡萄酒国内外法规要求及葡萄酒检测质量控制关键技术研究》的专题报告，与专家深入交流国内外葡萄酒相关法规差异，介绍技术中心研究团队关于贺兰山产区葡萄及葡萄酒基础数据库的研究进展，充分发挥海关职能作用和技术优势，助力贺兰山东麓葡萄酒产业高质量发展。

技术中心继续发挥综合检验检疫能力优势，着重在枸杞、葡萄酒等优势产业质量水平提升方面，开展检测、检疫技术服务，实现检测业务向特色农产品集中种植区延伸，提高特色产品品质，促进形成出口竞争新优势。主动顺应机构改革和形势变化，创新发展手段，着力提升“疫情疫病、有害生物、有毒有害物质、不合格商品”等方面的检出率。同时，全力推进宁夏口岸动植物检验检疫规范化建设，满足口岸把关的要求，继续做好技术保障工作。

宁夏国际旅行卫生保健中心（银川海关口岸门诊部）

【概况】保健中心是隶属于银川海关的事业单位，是具有独立法人资格的医疗机构。保健中心于2005年5月20日获批成立，建筑面积约1,500平方米，内设2个科室，分别为综合科和医学体检部，设有13个检查科室和1个医学实验室，现有人员37人，在编人员10人，聘用人员27人，其中高级职称3人，中级职称9人，初级职称5人。

保健中心始终坚持贯彻总体国家安全观，落实习近平总书记“筑牢口岸检疫防线”重要指示精神，严把“境外、口岸、境内”三道防线。依据《国际卫生条例（2005）》、《中华人民共和国国境卫生检疫法》及其实施细则、《中华人民共和国传染病防治法》等有关法律法规，承担宁夏地区出入境人员健康管理、传染病监测、预防接种、国际旅行健康服务和国际医疗救助等法定职责，负责签发国际旅行健康检查证明书、疫苗接种或预防措施国际证书、艾滋病检验报告单等执法证书的医疗卫生机构，为宁夏口岸卫生检疫行政执法提供有力的技术支撑。

【政治建设】2021年，保健中心坚持以习近平新时代中国特色社会主义思想为指导，认真落实银川海关机关关于全面从严治党的部署要求，不断增强“四个意识”、坚定“四个自信”、做到“两个维护”，切实履行管党治党政治责任，推进保健中心党的建设高质量发展。始终把政治建设摆在首位，坚持“第一议题”制度，深入学习贯彻习近平新时代中国特色社会主义思想，特别是习近平总书记“七一”讲话精神、党的十九届六中全会精神、及自治区党委十二届十三次全会精神，坚决落实习近平总书记重要指示批示精神，党中央各项决策部署，总署、银川海关机关文件要求。全年集中学习13次，集体研讨交流12次，党支部书记结合党史学习教育讲“微党课”2次，党员做好跟学和自学，开展“人人讲党课、人人作宣传”党员讲党课4次；压紧压实基层党建工作，落实党风廉政建设，谈心谈话11人次，召开组织生活会2次，深入开展批评与自我批评，持续开展马克思主义民族观宗教观教育，大力弘扬“厉行节约反对浪费”，坚持以案示警廉政警示教育贯穿全年每次主题党日活动；扎实开展“现场监管与外勤执法权力寻租”专项整治活动，紧扣专项整治4个阶段，稳步实施，压茬推进，撰写心得体会3份，整改材料2份；抓实党史学习教育，有效开展“我为群众办实事”实践活动，与银川海关机关财务处党支部、中国银行银川市金凤支行党支部联合共建，签署中国银行廉洁伙伴协议；与原套村党支部签署党建共建协议，推进乡村振兴；根据地区疫情常态化防控形势，制订了“我为群众办实事”6项实事，延长工作时间，加班加点保证报告出具时限，降低检测费用，全力保障广大群众疫情常态化期间日常生活；落实基层党建重点任务，不断加强事业单位全面从严治党，制订2021年保健中心党支部工作计划、党支部书记抓党建工作责任清单，签订党风廉政建设责任书、意识形态责任书，制修订了内控制度，新修订制度管理制度4项，废止14项；促进党建与业务融合，促进工作高质量发展，抓好“守护健康、为国把关”品牌建设与“四强”党支部建设有机融合，不断提升支部政治功能和组织力，坚决贯彻习近平总书记“筑牢口岸检疫防线”重要指示精神，进一步筑牢境外、口岸、境内三道防线，推动基层党组织全面进步全面过硬。强化巡视整改。召开保健中心领导班子与党支部联席会议，认真研学《关于加强中央和国家机关所属事业单位党的建设的意见》，将党建工作同业务工作同部署、同落实、同检查，实现抓党建与抓业务“一肩挑”，党建与业务“同频共振”。2021年度被总署政治部评定为工作表现突出的集体，予以通报表扬。

【新冠肺炎疫情防控】2021年，保健中心共开展人员新冠病毒核酸采样228,096人次，其中单采61,646人次、混采166,450人次；环境混采113,640点次、113,640管；2021年共监管出入境包机2架次、出入境人员408人。保健中心制订了新冠肺炎疫情防控工作方案，细化流程，并将防控工作落实到每名工作人员；不断加强疫情防控知识更新，对总署和卫生主管部门的防控要求及时学习和传达，确保所有防控措施落到实处；加强硬件配置。安装运行采样工作站，确保采样人员在正压环境下开展工作，有效降低职业暴露风险；安装了预检分诊亭和健康码识别和测温系统，实现预检分诊智能化；规范开展采样、消毒、防护服穿脱、交接样等工作，对每个工作环节提出明确要求，对流程进行不断优化和完善，确保了工作人员“零感染”；严格落实防护监督要求。设立防护监督岗，落实采样工作“双人双岗”，确保每个工作环节均有监督。年内参加国家卫健委临床检验中心组织的2次新冠病毒变异株和3次新冠隔离点室间质评，结果均为合格。参加自治区临床检验中心组织的3次新冠病毒核酸检测室间质评，结果均为合格。对接核酸检测结果上传工作，确保中心的新冠病毒核酸检测结果第一时间上传至“我的宁夏”和“国务院客户端”，使保健中心成为宁夏68家新冠病毒核酸检测机构中唯一一家能做到实时上传的新冠病毒核酸检测机构。协助地方新冠肺炎疫情防控部门承担西部机场集团宁夏分公司职工的愿检尽检任务，履行好第三方检测机构社会责任，为河东机场的正常运营提供坚实的技术保障，促进宁夏地区对外开放和经济社会发展。

【出入境人员体检及预防接种】2021年，保健中心共开展出入境人员体检1,189人次，其中法定体检494人次，检出各类传染病34例，传染病阳性率2.56%。预防接种3,126人次，全年未发生不良反应。全年共组织参加各类培训15次，其中组织和参加预防接种培训3次，放射诊疗培训2次，医疗废弃物培训1次，院内感染培训1次，预检分诊培训1次，新冠病毒核酸采样培训3次，个人防护物品的使用和穿脱培训4次。完成了CT室改造和安装调试工作，取得了辐射安全许可证和放射诊疗许可证，可开展CT检查工作，已有三人可以开展CT拍摄工作并取得相应上岗资质，为新冠病毒肺炎等疾病的诊断和社会委托体检的开展奠定了坚实的基础，大大提升了保健中心的诊查技术实力。成功接入地方预防接种金苗系统，预防接种数据得以与地方联网，成为全国海关首家接入地方预防接种系统的保健中心，实现“信息能共享、行程能追溯、控制有措施”，确保了新冠病毒疫苗管理全流程可追溯。微信公众号开通了电子体检报告和新冠病毒核酸检测报告查询下载功能，保健中心微信公众号关注量已达2万余人。采用微信公众号等形式积极开展入出境健康知识宣传，在“疟疾日”“艾滋病日”开展专题活动，与地方卫建委、所在社区协同联动，做义诊、办培训，增强群众防病意识，提升海关形象。2019—2021年协助总署卫生检疫司完成“入出境科普教育片”摄制任务，重点对劳务、留学、商务人员开展健康指导，提供旅行健康咨询等个性化服务。

【实验室建设】2021年，保健中心所属医学检验实验室建筑面积400平方米，在宁夏地区医疗机构中率先通过CNAS考核，获得ISO/IEC17025实验室认可。2021年取得了ISO/IEC17025认可证书和CMA证书，其中传染病检测项目乙肝五项、丙肝抗体、梅毒抗体、HIV抗体、新冠病毒核酸、甲流H1N1、乙型流感病毒为CNAS认可项目共13项。2021年，实验室参加CNAS、国家卫健委临床检验中心和自治区临床检验中心组织的室间质量评价活动，已经完成2021年国家卫健委临检中心临检、生化、免疫、微生物、分子生物学五大类共83项室间质量评价，结果均为合格；4月完成口岸移动方舱PCR实验室备案工作并移交地方卫健委正常使用；10月完成银川河东机场口岸媒介生物实验室验收工作。

银川海关后勤管理中心

【概况】2021年，在银川海关党委的领导下，后勤管理中心深入进行党史学习教育，学习贯彻习近平总书记“七一”重要讲话精神，学习贯彻党的十九届六中全会精神，坚定“四个自信”，增强“四个意识”，做到“两个维护”，以海关准军事化纪律部队建设“忠诚、干净、担当”干部队伍为抓手，不断强化政治信念和责任担当，全体干部职工精诚团结、分工协作、密切配合，在各部门大力支持下按时保质完成了各项服务保障任务。

【政治建设】2021年，后勤管理中心深入开展党史理论学习。按照“学原文、读原著、悟原理”的要求，组织中心干部职工学习《中国共产党党史》，学习建党精神、井冈山精神、长征精神、遵义会议精神、延安精神、西柏坡精神等一系列精神，通过学习深刻了解党在建立发展过程中遇到的一系列困难，以及如何克服艰难险阻，一步一步带领中国人民从一个胜利走向另一个胜利的，了解到中国共产党为什么能，中国特色社会主义为什么好，归根到底是因为马克思主义行。坚定地认识到必须坚持党的基本理论、基本路线、基本方略，增强“四个意识”，坚定“四个自信”，做到“两个维护”，全面深化改革开放，才能确保中华民族从站起来、富起来到强起来的强大飞跃。

【学习贯彻习近平总书记“七一”重要讲话精神】2021年，后勤管理中心学习贯彻习近平总书记“七一”重要讲话精神。习近平总书记“七一”重要讲话中，庄严宣告中国实现了第一个百年奋斗目标，在中华大地上全面建成了小康社会，中国共产党团结带领中国人民又踏上了实现第二个百年奋斗目标新的赶考之路。这个宣告，标志着以史为鉴，开创未来，必须坚持中国共产党的坚强领导，必须团结带领中国人民不断为美好生活而奋斗，必须持续推进马克思主义中国化，必须坚持和发展中国特色社会主义，必须不断推进党的建设的新的伟大工程。

【学习贯彻党的十九届六中全会精神】2021年，后勤管理中心学习贯彻党的十九届六中全会精神。党的十九届六中全会是党在“两个一百年”奋斗目标的历史交汇期召开的一次具有重大历史意义的会，党的十九届六中全会全面总结党百年奋斗的重大成就和历史经验，对推动全党进一步统一思想、统一意志、统一行动，团结带领全国各族人民夺取新时代中国特色社会主义伟大胜利，具有重大现实意义和深远历史意义。

【业务工作】2021年，新冠肺炎疫情防控进入常态化阶段，为了确保防疫工作顺利进行，后勤管理中心在食堂管理、车辆管理、酒店管理、办公楼秩序管理等多方面落实落细防控措施，加强保洁消毒，外来人员登记等方面的工作，以制度化管理工作，较好的完成了新冠肺炎疫情防控常态化工作。2021年10月17日，银川发生新冠肺炎疫情，由于关区封控人员较多，为了确保关区正常运作，后勤管理中心积极协调各部门，按照需求对各部门提供住宿和餐食，确保关区的正常运转。

【后勤保障工作】总署党委第十一巡视组于2021年4月12日至5月20日，对银川海关党委进行了巡视，巡视组成员10人，后勤管理中心积极配合相关部门，从住宿、办公、用车到餐食对巡视组进行后勤保障，确保巡视组成员在银川海关巡视期间，住得安心、吃得放心、办公条件合心。2021年6月15日至7月5日，总署“现场监管与外勤执法权力寻租”专项整治对银川海关开展了实地检查，后勤管理中心积极配合银川海关纪检组进行后勤保障，确保了检查组顺利完成工作。

【巡察工作】2021年6月，银川海关党委对后勤管理党支部（含行政领导班子）进行巡察，后勤管理中心党支部积极配合巡察组，提交巡察整改报告，以最认真、最老实、最严肃的态度，拿出“给自己治病”的精神，逐条逐项抓好巡察反馈意见的整改落实，哪一项做法不规范、不合理，就盯着改、盯着治，直到规范合格为止。在4个方面、16项整改项目中，后勤管理党支部一共提出35项整改措施，其中已完成18项立行立改的整改措施，需长期坚持的整改措施一共17项。

【冬季供热锅炉更换工作】为了响应习近平总书记“绿水青山就是金山银山”的理念，2021年后勤管理中心完成了银川海关办公区供热锅炉低氮化改造工作。从锅炉前期的方案编制、招标、合同的协商签订，锅炉入场后相关部门的协调，到完成锅炉安装后的验收以及后续的维保工作，后勤管理中心积极作为，确保了在供热期开始前完成了锅炉的更换，并积极联系银川市环保局，进行环保验收以及相关政策的优惠事宜。

【日常工作监督】2021年，后勤管理中心强化用制度管人管事，确保各项工作顺利开展。严格执行中央八项规定和各项廉政纪律。一是落实公务接待各项规定，做到了无公函不接待，公务接待食宿均按规定安排在关内招待所和职工食堂，未额外配发洗漱用品，陪餐人数符合规定，未提供高档菜肴；二是遵守公务用车管理规定，无变相超编制超标准配备公务用车、无换用借用占用下属单位或其他单位和个人的车辆和公务人员既领取公务交通补贴又违规乘坐公务用车现象；三是通过层层签订党风廉政建设责任书、学习正反两面典型案例、观看廉政警示教育片、谈话谈心等方式，教育大家牢固树立廉政意识，紧绷廉政之弦，清清白白做人、干干净净做事，防微杜渐、警钟长鸣。2021年度后勤管理中心未发生不廉洁情事。

【制度管理】2021年，后勤管理中心梳理制度，确定职责，确保后勤管理中心的高效运转。按照中央八项规定以及巡视审计要求梳理后勤管理中心制度，包括人员的聘用、奖惩、财务的收支、耗材的采购制度、食堂材料的进出制度、车辆的使用制度以及酒店的管理等一系列制度，按照制度抓落实，对各种材料、食材的出入库记录进行检查规范、严格安全卫生检查制度的落实等一系列措施，使得后勤管理中心各项事务的工作流程做到有制度可规范，有制度必执行。按照各个岗位的职责和要求，定期对岗位人员进行技能培训，制度培训，确保各司其职的基础上，工作流程的顺畅，以事事有交代，件件有落实的态度对待后勤管理中心面对的各种琐碎纷杂的事情，确保后勤管理中心高效运转。以制度为准绳，规范日常事务管理，确保关区的正常运转。严格按照制度要求，建立食材、耗材出入库台账，车辆使用台账，油料使用台账，住宿台账，采购台账；对合同协议、维保记录、维修记录等分门别类归档，定期将相关档案移交关档案室，确保记录准确，完整，便于督查和审计。严格内部印章管理，实行了登记审批制度，一事一批，专人保管，有效防范印章使用存在的风险。

【后勤保障】2021年，后勤管理中心牢固树立为广大关警员服务理念，全力做好各项保障工作。以安全、健康和节俭为宗旨，做好食堂保障工作，强化服务意识，牢固树立“以服务对象为中心”的理念，把关警员满意作为工作的出发点和落脚点。一是经常性征求关警员意见，及时进行调整和改进，深入细致地做好服务工作；二是继续增加职工食堂菜品供应品种，合理搭配荤素，增加营养水平和可口度；三是确保食品健康安全，在健康和安全上下功夫，严把食品采购验收关，坚持科学配餐，确保食品的“安全”和“绿色”；四是严格贯彻落实习近平总书记关于“厉行节约、反对浪费”的重要指示精神，严格控制采购成本和原料质量，减少食堂的浪费事宜。坚持“派车单”制度，一事一单，建立银川海关公务车辆出车登记册，完善公务用车的登记、记录、建档工作。以准确、无损为目的，严格涉案财物仓库管理。

【政府采购】2021年，后勤管理中心以高效、透明为原则，严格执行采购制度，规范采购流程，提高采购效率。一是严格按照《银川海关后勤管理中心物品采购管理办法》，执行采购程序；二是科学选择供货商，拓宽采购渠道，坚持市场调研和询价，集体议定供货商，重大采购项目报请政府采购领导小组会议决定，保证采购工作公开透明。

【节能减排工作】2021年，后勤管理中心以宣传、管理为手段，强化节约意识，减少公共资源消耗。一是抓好节能减排日常管理，落实能耗统计、节能宣传、监督督促等制度措施，加强数据统计工作，广泛开展多种形式的宣传，确保节能减排工作取得实效；二是推动节能减排工作可持续发展，从细节入手，从点滴做起，从小事做起，从自己做起，坚决杜绝长明灯、长流水、长开打印机和电脑显示屏的现象，做到人走灯灭、人离水停、人走关机，避免浪费能源资源；三是抓住重点，对油、电、气、水的消耗进行实时监控，及时发现和调整运行中出现的问题，不断优化方案，做到动态监管、事前控制；四是加强食堂各个流程的管理，降低食物损耗，树立勤俭节约意识，减少剩菜剩饭的存量。

【安全保卫工作】2021年，后勤管理中心牢固树立安全意识，扎实开展安全、保卫工作。从一点一滴抓起，确保关警员人身和财产安全。一是完成对全关消防安全的培训，将安全意识全面灌输给全关人员。二是加强对保安工作的监督，严格执行定点定时巡逻制度和人员车辆出入登记，确保关区的安全工作。三是对全关强电系统进行了预防性试验检测，保证双回路供电的可靠性。四是对办公楼大楼进行防雷检测，对办公楼外墙进行牢固性检测，防止外墙瓷砖的松动脱落。五是定期巡检消防设施及灭火器材并出具检查报告，及时处理各类故障，更换过期灭火器材。六是加强驾驶员职业教育，执行驾驶员守则、行车管理和奖惩制度、“不准酒驾”等规定。七是严格要求工程施工方，定期对施工方的作业现场进行检查，防止出现施工安全事故。八是严把食材进货关、生熟食分开加工关、餐具消毒关，全年无食物中毒情事发生。九是定期开展日常安全检查，通过人防和技防相结合、每日定点巡查和节假日全面检查相结合、临时抽查和专项检查相结合等方法，确保隐患排查无死角、全覆盖，全面落实安全责任制。

中国电子口岸数据中心银川数据分中心

【概况】银川数据分中心是总署委托银川海关管理的事业单位，2003年4月正式成立，2021年有内设部室1个，核定编制5名，在编在岗干部2名，聘用人员2名，主要承担电子口岸专网分中心节点网络系统和信息安全保障等工作。

【强化政治机关建设】2021年，银川数据分中心坚持“第一议题”制度，持续深入学习贯彻习近平新时代中国特色社会主义思想，学习贯彻习近平总书记重要讲话和重要指示批示精神，不断增强“四个意识”、坚定“四个自信”、做到“两个维护”，牢记“国之大者”，切实把讲政治的要求落实到具体工作中、体现到日常言行中。扎实推进党史学习教育走深走实，传承红色基因、赓续红色血脉。“单一窗口”主要业务应用率保持100%。拓展“关银一KEY通”，对自治区5市18家合作制卡代理点操作人员进行培训，对合作代理制卡点进行评估验收，并协助建设银行开展业务。全年建行合作制卡点为22家企业办理电子口岸入网手续，配发共享盾34个，为42家企业补换共享盾83个，为企业解锁5张电子口岸卡，为1家企业办理网银盾2个，大大方便企业办理电子口岸卡，实现了“让数据多跑路”。全力配合支持派驻纪检组工作，扎实开展“内务规范强化月”活动和警示教育月活动，强化不敢腐、不能腐、不想腐的思想自觉和行动自觉。总署党委第十一巡视组反馈意见中，没有与银川数据分中心直接相关意见。银川数据分中心本着“有则改之，无则加勉”的原则召开专题会议，认真学习、研究，在今后工作杜绝同类问题发生。2021年5月，接受银川海关党委2021年第一轮巡察工作，针对巡察5个问题，党支部先后召开3次支部会议，学习巡察意见，研究整改工作。从问题表面分析发生的深层次原因，对症整改，从制度层面杜绝此类事情再次发生，巩固和扩大整改成效。

【技术服务】2021年，银川数据分中心协助银川市商务局搭建（银川）跨境电子商务综试区公共服务平台。协助银川综合保税区完成“1210”“9610”进出口查验X光机同屏比对联调工作。协助银川综合保税区完成跨境辅助监管系统“9710”和“9810”监管模式信息系统升级。

年内，银川数据分中心为244家企业办理电子口岸新入网手续，制作共享盾463个、智能密码钥匙配发6个，供给免费配发469个，变更企业数据179家共计263张；证书更新20家共计36张；为32家企业解锁共计42张；补办电子口岸卡97个，补办读卡器4个。预录入企业注册备案351票，减免税185票。

【网络安全】2021年，银川数据分中心以高度的政治责任感顺利完成了庆祝中国共产党成立100周年、党的十九届六中全会等重大敏感时期的网络安全保障工作。多措并举完成2021年网络攻防演习防护工作，实现了守得住、攻不破的预期目标。扎实做好日常网络安全防护工作。加大机房等重点场所的巡检力度，确保网络整体正常稳定运行。

【数据安全】2021年，银川数据分中心认真抓好《中华人民共和国数据安全法》学习宣传贯彻。梳理数据资产，严防数据泄露，对电子口岸专网、专网缓冲区、互联网、互联网云盾定期排查梳理、加固升级，严格数据导出及U盘管理，封禁服务器下载导出功能，确保数据可管可控，安全稳定。

第七篇

大事记

2021 年银川海关大事记

1 月

▲1 日　副关长张大平主持召开专题会议，迅速部署落实总署进口高风险非冷链集装箱货物口岸环节新冠病毒检测和预防性消毒工作电视电话会议精神。

▲5 日　副关长常林参加自治区政府副主席赖蛟在惠农区政府主持召开的石嘴山经开区调研座谈会。

▲6 日　副关长张大平参加自治区政府副主席赖蛟在银川综合保税区主持召开的调研座谈会。

▲7 日　银川海关首次开展进口动物遗传物质监管工作。一批从阿根廷进口的 5,000 支牛精液经兴庆海关现场查验合格，获准投放自治区区畜牧市场。

▲12 日　党委书记、关长刘世远在银川海关党委理论学习中心组学习时强调，要深入把握民主生活会主题，把开好民主生活会作为领导班子和党员领导干部守初心、担使命，找差距、抓落实的一次政治体检，统筹抓好关区各级领导班子民主生活会，严把会前准备关、对照检查材料关和会议质量关，结合疫情防控实际，采取灵活多样的方式加强组织推动。

副关长张大平赴机场海关调研指导工作。围绕加强隶属海关党委班子建设和切实做好新冠肺炎疫情防控工作提出工作要求。

▲13 日　副关长祁云海主持召开关区工作会议暨全面从严治党工作会议筹备会。

▲14 日　缉私局局长颜宏伟听取《银川海关缉私局法制员派驻制度》落实情况汇报。

党委纪检组长杨海主持召开 2021 年银川海关党委纪检组第一次全体会议，总结 2020 年度纪检监察工作，研究讨论 2021 年工作计划。

▲15 日　银川海关组织开展 2020 年度党支部书记抓党建述职评议考核会。

副关长张大平主持召开专题会议，研究部署包机物资保障工作。

政治部主任杨向宇到机场海关执法一线科室联系点调研指导工作。

副关长祁云海参加自治区政务服务中

心对银川海关12360服务热线工作情况调研座谈会。

▲19日 关长刘世远陪同自治区政府副主席赖蛟调研银川公铁物流园。先后前往丰树西夏物流园、银川公铁物流港海关监管作业场所进行调研。刘世远关长介绍了海关支持公铁物流港建设情况及监管作业场所功能作用，建议地方政府进一步完善设施设备、统筹规划各类指定监管场地建设。自治区政府副主席赖蛟对海关工作表示肯定，希望海关在铁路口岸申报、粮食指定监管场地建设等方面给予大力支持。

副关长祁云海走访自治区国家保密局。向自治区国家保密局局长雍平祥介绍银川海关保密工作开展情况和近年来保密工作方面取得的成效。雍平祥局长对银川海关分级保护、国产化替代、密级文件管理、保密法治教育等各项保密工作取得的成绩给予充分肯定，表示将继续加强对银川海关保密工作的指导，加强日常工作的联系，筑牢保密安全防线。

▲20日 关长刘世远主持召开银川海关统筹口岸新冠肺炎疫情防控和促进外贸稳增长工作指挥部会议。传达国务院和自治区疫情防控工作电视电话会议精神，通报关区内部防控检查工作和口岸新冠肺炎疫情防控工作情况。

党委纪检组长杨海对正处级领导干部开展节前集体廉政谈话。

银川海关2020年在自治区政府采用信息排名位居驻宁单位第三名。

▲25日 副关长张大平主持召开银川海关新冠肺炎疫情防控组扩大会议。审议应对重大疫情卫生检疫基础设施建设2021年项目需求，并对近期新冠肺炎疫情防控工作进行安排部署。

▲26日 首笔“关银一KEY通”代理口岸卡业务在建设银行宁夏分行成功办理，标志着“关银一KEY通”项目在宁夏顺利落地。

▲27日 关长刘世远向自治区党委常委、秘书长赵永清汇报银川海关2020年工作情况以及“模范机关”创建、效能考核等工作。秘书长赵永清充分肯定银川海关在严防口岸新冠肺炎疫情，促进外贸稳增长方面所做的工作，希望银川海关继续围绕“六稳”“六保”任务，根据自治区工作部署，坚持统筹推进新冠肺炎疫情防控和促进外贸稳增长，助力自治区更高水平开放。

银川海关党委召开2020年度民主生活会。党委书记、关长刘世远主持会议，总署第三督导组视频连线指导并进行点评，对银川海关党委2020年度民主生活会予以高度肯定，认为银川海关党委政治站位高，会议效果好，体现了党委班子扎实过硬的作风。

▲28日 银川海关党委班子全体成员及各单位各部门负责人在分会场参加全国海关工作会议和全面从严治党工作会议。

▲29日 副关长常林调研检查机场口

岸新冠肺炎疫情防控工作情况，对机场海关、快件运营企业、货物监管库进口高风险非冷链集装箱货物新冠肺炎疫情防控工作进行督导检查，并对机场海关提出工作要求。

银川海关党委纪检组参加全国海关纪检监察工作会议，第一时间组织全体纪检干部学习讨论驻署纪检监察组组长陶治国的讲话精神和4个直属海关先进经验。

银川海关各单位、各部门认真学习贯彻落实全国海关工作会议和全面从严治党工作会议精神。

2月

▲2日 副关长张大平主持召开银川海关新冠肺炎疫情防控组扩大会议。

副关长祁云海与石嘴山市副市长李光云在石嘴山海关开展座谈。双方就推动石嘴山市外向型经济发展交换了意见。

▲3日 银川海关开展自治区境外包机入境银川新冠肺炎疫情防控隔观疏散应急演练，全流程顺利完成登临检疫、体温监测、流行病学调查、核酸和血液采样、人员移交等演练任务。

▲4日 银川海关召开2021年关区工作会议。关长、党委书记刘世远作《忠诚担当 继往开来 奋力建设社会主义现代化海关》的主题报告。会议以习近平新时代中国特色社会主义思想为指导，深入贯彻党的十九大，十九届二中、三中、四中、五中全会精神，中央经济工作会议精神和习近平总书记视察宁夏重要讲话精神，认真落实2021年全国海关工作会议、全面从严治党工作会议精神，总结工作、分析形势、明确任务，安排2021年关区各项工作。会议还举行表彰奖励仪式，开展2020年度银川海关领导班子、领导干部年度考核和2020年度银川海关党委干部选拔任用“一报告两评议”。

银川海关召开2021年全面从严治党工作会议。党委书记、关长刘世远同志作《坚定政治方向 保持政治定力 推动新时代全面从严治党从严治关向纵深发展》的主题报告，党委委员、党委纪检组组长杨海同志作题为《强化监督制约锻造过硬队伍高质量推进新时代清廉海关建设》的工作报告。会议深入学习贯彻习近平总书记重要讲话精神，贯彻落实十九届中央纪委五次全会精神，认真落实全国海关工作会议、全国海关全面从严治党工作会议部署，总结2020年关区全面从严治党、党风廉政建设和反腐败工作，部署2021年主要任务。

▲5日 副关长张大平陪同自治区指挥部办公室主任田丰年调研机场海关包机保障工作，查看T1、T2候机楼海关旅检作业场所包机保障筹备工作情况，对进一步优化完善作业流程、科学设置作业场所、完善人员安全防护等工作给予指导意见。

▲7日 银川海关圆满完成中国电建滞留沙特阿拉伯员工第二架入境包机检疫

保障工作。

银川海关参加2021年全国海关缉私工作会议暨全国打私办主任会议。

银川海关学会表彰2020年度获奖论文作者，对13篇论文进行表彰，其中特别奖2篇、优秀论文2篇、入选论文4篇、鼓励论文5篇。

▲8日 副关长张大平参加总署安全生产专项整治三年行动工作领导小组会议暨全国海关安全生产电视电话会议。

副关长张大平参加中国（银川）跨境电子商务综合试验区领导小组第一次全体（扩大）会议。

▲16日 关长刘世远在春节期间检查银川海关行政值班工作，并对值班工作人员进行慰问。

▲18日 关长刘世远向自治区政府副主席赖蛟汇报全国海关工作会议精神和银川海关2021年工作要点。

▲23日 副关长祁云海参加中国葡萄酒产业技术研究院张军翔教授一行与技术中心的调研座谈会。双方就技术创新、实验室建设、重点研发计划、科技成果转化、支持酒庄企业提升自主创新能力等方面进行沟通交流，并达成了初步合作意向。

▲25日 副关长祁云海参加自治区政府召开的石嘴山经开区保税物流中心专题会。

副关长常林参加自治区现代枸杞产业高质量发展推进会。

党委纪检组长杨海主持召开党委纪检组“四项监督”联席会议。

3月

▲1日 银川海关严格落实“现场监管与外勤执法权力寻租”专项整治工作。党委书记、关长刘世远批示要求“严格按照驻署纪检监察组的工作方案，根据关区业务特点，全覆盖现场监管与外勤执法业务，精心研究部署细化工作方案，严格组织落实，特别关注主要业务、关键环节、关键节点，聚焦突出问题”；银川海关党委会议专题听取党委纪检组的汇报，研究审议专项整治工作实施方案；党委纪检组召开专题会议，党委纪检组长杨海领学专项整治工作方案，一项一项研究具体落实工作；召开“四项监督”工作会议，与督察审计、巡察、派驻纪检组等部门共同研究具体工作的落实；按照任务和时间节点要求，结合关区实际，制订专项整治工作实施方案。

▲2日 副关长常林参加全国海关2021年动植物检疫工作视频会议。

银川海关在快件进口渠道首次查获检疫禁止入境花粉。经专家鉴定为野荠、三肋果、罂粟、水飞蓟等7种植物的混合花粉，7种鉴定物种均原产欧亚大陆，属于外来物种，总重1千克，为禁止进境的植物。

▲3日 副关长常林参加全国海关2021年进出口商品检验工作视频会议。

▲5日　银川海关召开关区“现场监管与外勤执法权力寻租”专项整治工作动员部署会。传达总署“现场监管与外勤执法权力寻租”专项整治动员部署会议精神，对关区专项整治工作进行动员和安排部署。

银川海关召开全体干部廉政警示教育视频会议，深入学习贯彻十九届中央纪委五次全会和全国海关全面从严治党会议精神，持续强化震慑作用，警示教育全体党员干部。

副关长张大平主持召开第二架沙特阿拉伯包机保障总结会议，听取第二架沙特阿拉伯包机保障各相关部门、工作小组的工作总结和情况梳理，对第二架包机保障情况进行全面总结。

银川海关团委开展“保护母亲河，我们在行动”学雷锋志愿服务活动。

银川海关联合宁夏贸促会开展RCEP专题线上培训，由总署专班谈判宣传贯彻组的业务骨干为宁夏120余家外贸企业详细讲解RCEP原产地规则解读、企业对RCEP规则的运用等知识，并在线答疑。

▲9日　政治部主任杨向宇参加全国海关科技工作视频会议。

成立银川海关党史学习教育工作领导小组。

▲10日　银川海关党委理论学习中心组专题学习党中央关于深入开展党史学习教育相关文件精神，并作研讨交流。

关长刘世远、缉私局局长颜宏伟陪同自治区公安厅党委副书记、常务副厅长徐耀、政治部主任陈少宣一行调研缉私局党建工作。

关长刘世远会见财政部宁夏监管局党组成员、二级巡视员袁克发，缉私局局长颜宏伟参加会见。

▲12日　银川海关召开2021年关区纪检监察工作会议，总结回顾2020年纪检监察工作，深入分析全面从严治党的短板弱项和纪检监察工作面临的形势问题，从5个方面安排部署2021年纪检监察工作。

▲15日　银川海关在分会场参加总署党史学习教育动员会。会后，关长刘世远要求关区各级党组织要认真传达学习全国海关党史学习教育动员会精神，把开展好党史学习教育作为贯穿全年的一项重大政治任务和政治责任，采取有力举措推动党史学习教育起好步。

副关长张大平主持召开压缩通关时长专项工作推进会。

▲18日　副关长常林参加全国海关2021年进出口食品安全工作视频会议。

▲19日　银川海关举办《减免税管理办法》网上培训讲座，由海关业务专家在线宣讲《海关进出口货物减免税管理办法》，并结合关区减免税业务办理实际，着重提醒企业关注减免税货物管理有关规定。宁夏地区近50家企事业单位参加培训。

▲22日　关长刘世远陪同自治区党委常委、银川市委书记张柱调研银川公铁物

流园海关监管作业场所。

银川海关党委听取“现场监管与外勤执法权力寻租”专项整治工作推进情况汇报。

▲23 日 银川海关举办 2021 年一季度新闻发布会，副关长祁云海出席发布会，发布 2021 年 1—2 月宁夏外贸经济情况和银川海关持续加强宁夏国际快件监管工作情况，中国新闻社驻宁记者站、《宁夏日报》、宁夏广播电视台、《新消息报》、《华兴时报》等中央和自治区级新闻媒体参会。

副关长常林主持召开关办公会，研究进境原木指定监管场地建设相关政策，讨论银川市建立进境原木指定监管场地的可行性。

▲24 日 银川海关召开党史学习教育领导小组会议。听取党史学习教育阶段性推进情况汇报，审议《银川海关党委中心组“学党史、悟思想、办实事、开新局”专题读书班方案》及党史学习教育巡回指导方案。

银川海关缉私局查获一起走私象牙、濒危植物制品案件。查获疑似象牙原牙 2 根、象牙杯、象牙佛牌等制品 56 件，共计 1.11 千克，查获印度小叶紫檀、沉香等濒危野生木材制品等共计 28 件。该案系缉私局近年来查获的最大一起象牙、濒危植物制品走私案件。

4 月

▲1 日 缉私局局长颜宏伟参加缉私局党史学习教育和教育整顿工作专班会议，听取了专班工作汇报，对相关工作给予充分肯定，并提出要求。

银川海关成立安全生产工作领导小组。

▲2 日 关长刘世远向自治区政协主席、自治区现代枸杞产业高质量发展包抓领导崔波同志汇报银川海关支持助力枸杞产业高质量发展所作的工作。崔波主席对银川海关积极发挥海关职能作用和技术优势，主动作为、全力支持枸杞产业发展给予肯定，希望银川海关今后继续在风险监测、病虫害防治、标准制定、应对国外技术性贸易措施等方面发挥作用，与自治区相关部门共同推进枸杞产业高质量发展。

▲7 日 自治区党委巡视办来银川海关调研党建工作。通过调阅资料、座谈交流、调查问卷、实地查看了解银川海关党建开展情况，认为银川海关党委对党建工作高度重视，落实自治区党委各项工作扎实有效，在机关党建、模范机关创建、精神文明建设等工作走在了区直机关各厅局机关党委前面。

▲9 日 银川海关组织开展“植树造林见行动，建设美丽新宁夏”主题党日活动，关长刘世远、纪检组长杨海带领机关党员代表赴银川通航产业园开展植树活动。

副关长张大平主持召开“全民国家安全教育日”暨“海关口岸生物安全日”宣传动员部署会议，会议传达学习了习近平总书记关于总体国家安全观的重要论述和重要指示批示精神，并组织学习国门生物安全有关知识。

▲12日　总署党委第十一巡视组巡视银川海关党委工作动员会召开，总署党委第十一巡视组组长李宝权作动员讲话。

▲15日　欧盟委员会卫生与食品安全总司致函总署，宣布解除对中国输欧盟枸杞所实施的加严检验措施，意味着中国对欧盟出口枸杞恢复正常，这是银川海关配合总署在应对国外技术性贸易措施工作中取得的新突破。

银川海关开展全民国家安全教育日反恐怖宣传教育活动。

银川海关缉私局召开全面从严管党治警工作会议。缉私局局长颜宏伟提出工作要求。会上组织签订了意识形态责任书和党风廉政建设责任书。

副关长张大平调研银川综合保税区企业，结合“我为群众办实事”实践活动，了解综合保税区内有关企业生产经营状况，对企业提出的诉求，要求机场海关与银川海关机关职能部门加强联系、积极研究、妥善解决。同时，对机场海关“现场监管与外勤执法权力寻租”专项整治工作推进情况进行了调研检查。

▲16日　银川海关积极开展“全民国家安全教育日”暨“海关口岸生物安全日”专题宣传教育活动。组织开展主题为“筑牢口岸检疫防线，守护国门生物安全”国门生物安全宣传教育活动。

▲20日　银川海关团委组织开展“学党史跟党走，永葆初心再奋斗”主题演讲比赛。政治部主任杨向宇出席并为获奖代表颁奖。

▲23日　宁夏牛油产品首次出口。由宁夏某公司生产的一批货值8,454.26美元的牛油产品，经兴庆海关查验合格，正式起运发往吉尔吉斯斯坦，标志着宁夏又一特色农产品实现出口零的突破。

▲25日　银川海关召开“现场监管与外勤执法权力寻租”专项整治再动员、再部署、再教育工作会议。

▲27日　副关长张大平参加2021年全国海关卫生检疫工作视频会议。

副关长祁云海主持召开技术中心负责人经济责任审计项目见面会。

▲28日　副关长祁云海为石嘴山海关全体干部职工讲党史学习教育专题党课。

党委纪检组长杨海实地走访调研宁夏小巨人机床有限公司。了解企业生产经营情况、听取对海关工作的意见建议，落实“现场监管与外勤执法权力寻租”专项整治和“我为群众办实事”工作要求。

▲28—29日　副关长祁云海赴石嘴山5家企业开展实地调研。根据银川海关“现场监管与外勤执法权力寻租”专项整治和“我为群众办实事”工作要求，向企业收集意见和建议，并现场对企业进行政策宣传贯彻。现场解答问题5条，收集需海关帮助解决的问题2条。

▲29日　党委书记、关长刘世远在银

川海关党委理论学习中心组学习时，围绕习近平总书记关于学习党的历史重要论述，结合银川海关工作情况进行深入交流。

政治部主任杨向宇在银川海关分会场参加2021年全国海关巡察工作推进会。

5月

▲7日　副关长张大平主持召开新冠肺炎疫情防控组会议。要求各隶属海关、保健中心进一步加强新冠病毒疫苗接种宣传教育，合理确定日常工作中与入境人员及进境货物、物品有直接接触的工作人员，采取有效措施确保口岸一线上岗人员为接种新冠病毒疫苗人员。

缉私局破获的走私、贩卖象牙案件被自治区公安厅列为挂牌督办案件。

▲8日　银川海关召开办公室工作会议、保密委员会会议暨密码工作领导小组会议、政务公开领导小组会议，对关区相关工作进行安排布置。副关长祁云海，各单位、各部门分管综合工作负责人及相关工作人员参会。

党委纪检组长杨海调研宁夏东方钽业股份有限公司。对专项整治工作进行再宣传，收集企业对海关工作的意见建议，并到石嘴山海关实地检查专项整治推进情况。

▲11日　关长刘世远主持召开巡察工作领导小组会议。传达学习2021年全国海关巡察工作推进会精神，审议2021年第一轮党委巡察工作巡察组人员安排和《银川海关党委关于落实巡视巡察上下联动的具体措施》。

银川海关举办党史学习教育专题辅导报告会。邀请自治区教育系统党史学习教育宣讲团成员、银川市第二十四中学党总支书记、校长喻有朝，作题为《百年逐梦　回望初心》的党史学习教育专题辅导报告。

▲19日　关长刘世远、副关长常林参加全国海关企业管理和稽查工作会议。

缉私局局长颜宏伟主持召开缉私局党史学习教育和教育整顿专题工作会议。传达了海关缉私部门教育整顿专题工作部署会议精神，听取了工作专班情况汇报，并就相关工作提出要求。

▲20日　副关长祁云海走访财政部宁夏监管局。代表银川海关党委对财政部宁夏监管局长期以来对银川海关工作的支持与指导表示感谢。

副关长常林赴宁夏相关进口种畜公司进境种牛隔离场开展调研。

党委纪检组长杨海调研检查兴庆海关“现场监管与外勤执法权力寻租”专项整治工作推进情况。

▲21日　关长刘世远主持召开关务会，审议通过了《银川海关企业信用培育工作实施细则（试行）》。

副关长祁云海主持召开银川海关密码工作领导小组会议。

▲24日　银川海关召开2021年第一

轮巡察工作动员部署会。

▲25日　副关长常林调研中卫海关。对该关强调要扎实开展好“现场监管与外勤执法权力寻租”专项整治工作，深入开展党史学习教育活动，扎实开展“我为群众办实事”实践活动，认真做好企业调研，主动听取企业意见，抓好工作落实。

副关长常林赴中卫海关辖区企业开展“我为群众办实事”专题调研，了解企业所需，并向企业介绍海关“现场监管与外勤执法权力寻租”专项整治工作，听取对海关工作意见建议。

▲26日　副关长祁云海走访自治区财政厅。代表银川海关党委对自治区财政厅长期以来对银川海关工作的支持与指导表示感谢。

副关长常林与中宁县政协主席叶进宝进行座谈。

副关长常林调研技术中心中卫实验室。

党委纪检组长杨海赴自治区纪委监委专题汇报专项整治工作。

总署考核组对关区进境种牛检疫隔离场开展远程视频验收。

▲28日　缉私局局长颜宏伟赴公安厅参加全国公安机关视频会议。

银川海关联合银川综合保税区管委会举办政策宣讲会，邀请重庆海关专家对《综合保税区适合入区项目指引（2021年版）》进行解读宣介，自治区商务厅、各地市商务局等20余家单位及百余家企业合计200余人参会，为综合保税区管委会更好开展招商引资及区内企业顺利开展业务打下坚实基础。

▲31日　关长刘世远听取督审处重点工作汇报，对下一步高质高效开展督审工作提出要求。

缉私局局长颜宏伟参加总署缉私局关于传达贯彻中国共产党成立100周年安保维稳视频会议。

党委纪检组长杨海通过监控指挥中心检查隶属海关工作情况。对隶属海关报关大厅工作纪律、人员着装情况和快件监管现场人员防护及作业制度执行情况进行检查。

6月

▲2日　关长刘世远赴石嘴山海关开展进出口危险化学品企业专项调研。先后实地走访了宁夏相关公司，深入查看了解各企业厂区、生产线及仓库，结合银川海关“我为群众办实事”工作要求，详细了解辖区双氰胺等主要出口危险化学品生产经营情况及进出口贸易情况，围绕企业当前面临的问题、困难进行深入探讨，解决企业所忧所盼。调研期间，会见了石嘴山市副市长李光云。

▲3日　自治区人大常委会副主任董玲调研技术中心中卫实验室。现场考察了实验室运行情况，听取了实验室基础设施、检测能力和服务把关等方面工作汇报。

关长刘世远在石嘴山海关召开危险化学品关企座谈会。了解石嘴山进出口危险化学品企业的业务运行情况，就危险化学品日常查验监管、后续通关及政策解读等方面的问题现场答复，并且结合“我为群众办实事”实践活动，听取企业意见建议。

关长刘世远调研石嘴山海关开展全面从严治党、党史学习教育、“现场监管与外勤执法权力寻租”专项整治工作情况。

银川海关组织开展“银川海关庆祝中国共产党成立100周年党史知识竞赛”活动。

副关长祁云海调研兴庆海关“现场监管与外勤执法权力寻租”专项整治工作情况。

党委纪检组长杨海调研督导银川河东机场海关“现场监管与外勤执法权力寻租”专项整治工作。

▲4日　副关长张大平指挥开展入境航班新冠肺炎疫情防控应急处置演练，对各隶属海关开展安全防护和安全生产视频督导检查。

副关长张大平主持召开关办公会研究部署跨境电商进口走私“断链刨根”专项整治行动。

副关长祁云海主持召开事业单位监督管理委员会会议。审议通过事业单位2020年年终决算报告，研究通过技术中心和保健中心资产处置申请。

副关长祁云海主持召开固定资产管理领导小组会议。研究通过银川海关行政和事业单位资产处置事项，对关区固定资产日常管理提出要求。

▲7—8日　副关长常林对综合业务三处、企管处、技术中心、保健中心党史学习教育及“现场监管与外勤执法权力寻租”专项整治工作进行督导检查。

▲8日　副关长常林参加自治区2021年食品安全宣传周启动仪式。

▲7—9日　驻署纪检监察组组长、总署党委委员陶治国在银川海关调研。陶治国组长先后到兴庆海关、银川河东机场海关、银川综合保税区国际快件监管业务现场及银川海关机关二级监控指挥中心实地调研，督导“现场监管与外勤执法权力寻租”专项整治和党风廉政建设工作，并深入宁夏相关公司实地开展“我为群众办实事”调研。调研期间，陶治国还会见了自治区党委常委、纪委书记艾俊涛。

▲9日　关长刘世远检查督导银川河东机场海关党委全面从严治党工作，检查了解机场海关党委上半年全面从严治党重点任务落实情况，并对下一步工作提出要求。

关长刘世远在机场海关执法一线科室联系点和基层党支部联系点调研指导工作。

▲16日　副关长张大平主持召开银川海关统筹口岸疫情防控和促进外贸稳增长指挥部工作会议。传达了副署长张际文在全国海关疫情防控工作会议上的讲话精

神，对贯彻落实会议精神，做好近期关区疫情防控和促进外贸稳增长工作进行安排部署。

▲17日 银川海关召开专项整治工作第二检查组实地检查见面沟通会和问题线索专题汇报会。关长刘世远、副关长张大平、党委纪检组长杨海及专项整治工作领导小组各成员单位负责人参加会议。

▲21日 关长刘世远主持召开关务会，审议通过了《银川海关政府信息公开工作规程》和《银川海关政府信息公开保密审查规程》。

▲23日 政治部主任杨向宇带队赴技术中心、保健中心开展实验室安全检查和党史学习教育督导工作。

▲24日 关长、党委书记、巡察工作领导小组组长刘世远主持召开巡察工作领导小组会议。

银川海关线上组织开展“2021年海关文化建设西北协作区庆祝中国共产党成立100周年党史知识竞赛（决赛）”活动。银川海关党委委员、政治部主任杨向宇出席并作致辞。银川海关各支部代表现场观看比赛。

▲27日 政治部主任杨向宇参加自治区直属机关优秀共产党员、优秀党务工作者和先进基层党组织表彰大会。

▲28日 银川海关组织开展保密教育轮训。副关长祁云海及各单位、各部门处级领导和负责保密工作的人员赴宁夏保密教育实训平台，通过实际案例和现场体验，强化安全保密风险意识和防泄密反窃密形势教育。

▲30日 银川海关召开机关党员大会。党委书记、关长刘世远带领党员干部重温入党誓词、新党员进行入党宣誓，并为3名“光荣在党50年”的老党员代表颁发纪念章。会议表彰了关区优秀共产党员、优秀党务工作者和先进基层党组织。抗击疫情先进代表“全区我身边的战‘疫’模范个人”茹淞同志、脱贫攻坚先进代表“全区脱贫攻坚先进个人”卜军亮同志分别讲授《致敬战“疫”党员先锋》《弘扬脱贫攻坚精神 全面推进乡村振兴》党课。全国海关基层党建示范（培育）品牌办公室党支部、兴庆海关业务一科党支部、银川河东机场海关旅检科党支部作支部品牌交流展示。

7月

▲1日 银川海关全体干部职工集中收看庆祝中国共产党成立100周年大会直播，党委召开专题会议传达学习，研究贯彻具体措施，各党支部迅速组织学习。

▲2日 银川海关党委理论学习中心组专题学习研讨习近平总书记在庆祝中国共产党成立100周年大会上的重要讲话精神。

银川海关组织开展走访慰问党员活动。政治部主任杨向宇近日带队走访慰问因公殉职党员干部家属，送去组织的关怀和温暖。银川海关机关党委、人教处也通过实地走访、电话慰问等形式，对生活困难的老党员、在职党员以及获得省部级以上“优秀共产党员”荣誉表彰的党员进行慰问，并致以节日问候和祝愿。

▲6日 副关长常林通过视频会议系统参加总署2021年“全国食品安全宣传周”主题活动。

▲7日 党委纪检组组长杨海与自治区纪委监委五室负责人座谈交流，通报银川海关2021年上半年纪检监察工作情况，并就有关工作进行沟通。

▲8日 根据中共海关总署委员会关于授予2021年度全国海关党建示范（培育）品牌的决定，银川海关办公室党支部被授予全国海关党建示范品牌，兴庆海关业务一科党支部、机场海关旅检科党支部被授予全国海关党建培育品牌。

▲10日 王湾村村两委干部代表全体村民向银川海关驻村工作队赠送锦旗，感谢银川海关为王湾村脱贫作出的贡献。

▲12日 党委纪检组长杨海检查技术中心、保健中心“现场监管与外勤执法权力寻租”专项整治工作。

▲13日 银川海关组织党员代表参观自治区党的建设主题展览，全面了解自治区机关党的建设历程和成就。

▲14—16日 署长、党委书记倪岳峰在银川海关调研，考察志辉源石葡萄酒、百瑞源枸杞、共享装备制造、舍弗勒（宁夏）轴承、银川隆基硅材料等企业多元融合发展、创新转型升级、国际市场拓展等情况，听取企业对海关工作的意见建议。署长倪岳峰要求银川海关认真贯彻落实习近平总书记视察宁夏重要讲话精神，强化监管优化服务，助力企业加快新旧动能转换，促进特色优势产业进出口稳定发展，积极支持宁夏构建开放新格局，融入国内国际双循环。调研期间，署长倪岳峰会见了宁夏回族自治区党政领导同志，就贯彻黄河流域生态保护和高质量发展重大战略，构建对外开放平台，培育开放型经济主体等有关事项深入交换意见。总署党委委员、办公厅（国口办）主任黄冠胜陪同调研。

▲25日 银川海关助力银川综合保税区银大门跨境电商O2O体验店试营业，标志着展示销售及保税仓储两位一体“前店后仓”全新跨境电商经营模式正式在银川综合保税区内展现。

▲26—28日 银川海关举办学习贯彻习近平总书记“七一”重要讲话精神读书班暨宣讲会，发挥党委带头示范效应，党委理论学习中心组开展集中学习研讨，4名党委委员围绕学习贯彻“七一”重要讲话精神依次作重点发言。

▲29日 总署党委委员、副署长、政治部主任、总署巡视工作领导小组副组长胡伟主持召开向银川海关主要负责同志巡视反馈会议，传达了总署党委巡视工作领导小组会议精神，对抓好巡视整改工作提出了具体要求。第十一巡视组副组长陈业林反馈了对银川海关党委的巡视意见，党

委书记、关长刘世远就做好巡视整改工作作表态发言。

自治区政协主席崔波调研银川海关技术中心中卫实验室，亲切看望实验室全体干部职工，先后进入农残、理化和重金属实验室详细了解实验室运行情况并听取了实验室在枸杞检测质量把关等方面的工作汇报；对银川海关服务中宁县枸杞产业发展的主动作为表示赞赏，对中卫实验室检测结果的权威性表示放心和认可；要求中卫实验室要充分发挥海关国家枸杞检测重点实验室的技术优势，在中宁枸杞与外地枸杞的营养成分差异性等方面开展深入研究，进一步发挥技术带头和桥梁纽带作用，自治区现代枸杞产业高质量发展包抓工作机制成员单位要全力支持中卫实验室的发展，切实形成推动现代枸杞产业高质量发展强大合力。

▲30 日　银川海关召开落实总署党委巡视反馈问题整改工作动员部署会，党委书记、关长刘世远主持会议，传达学习副署长胡伟在反馈会上的讲话精神，对坚决做好巡视整改工作进行动员部署。政治部主任杨向宇传达总署党委第十一巡视组巡视银川海关党委反馈意见，并对近期整改工作进行安排。

▲31 日　党委书记、关长刘世远主持召开党委会暨统筹新冠肺炎疫情防控和促进外贸稳增长工作指挥部会议，传达学习总署关于进一步加强新冠肺炎疫情防护工作的紧急通知和自治区应对新冠肺炎疫情工作领导小组第 18 次会议精神，研究部署相关工作。

8 月

▲1 日　副关长张大平召开专项工作会议部署业务领域巡视反馈问题整改工作，针对“国门安全风险意识不强”和“推进主题教育整改效果不明显”中涉及业务领域问题的整改工作进行安排部署。

▲6 日　关长刘世远主持召开银川海关统筹口岸新冠肺炎疫情防控和促进外贸稳增长工作指挥部会议，传达了总署的紧急通知，并就做好口岸卫生检疫工作进行安排部署，政治部主任杨向宇、副关长祁云海、副关长常林分别就加强培训、监督、内部防控和严防新冠病毒通过进口冷链商品及进口高风险非冷链集装箱货物输入风险工作等作了具体部署要求。

关长刘世远、副关长常林到保健中心督导疫情防控工作。

▲9 日　政治部主任杨向宇主持召开政治部部务会，研究落实巡视整改任务分工，对政治部牵头负责的巡视整改工作进行了任务分解，逐项逐条明确了落实整改任务的责任领导和具体责任人、完成时限、细化整改措施。

政治部主任杨向宇主持召开 2021 年新录用公务员初任培训动员会。

▲10 日　副关长祁云海主持召开涉案财物工作领导小组会议，研究银川海关涉案财物集中处置工作。

副关长祁云海主持召开节能工作领导小组会议，审定关区2021年度节能考核方案，量化节能评价指标，并对年度关区节能工作提出要求。

▲11日 副关长常林参加自治区现代枸杞产业“四个体系”建设专题会议。

副关长常林向自治区人大常委会副主任董玲专题汇报其前期调研中宁枸杞产业提出的枸杞营养成分方面问题。针对该问题，技术中心成立研究技术团队，对4家企业10种制干工艺样品43项营养指标进行了分析研究，取得了初步成果。

▲11—12日 副关长祁云海带队赴技术中心、保健中心检查安全工作，现场对技术中心、保健中心实验室等各类场所进行了全面检查。

▲16日 政治部主任杨向宇主持召开巡视整改工作领导小组办公室会议，听取巡视整改工作阶段推进情况，对下一步整改工作提出要求。

▲17日 副关长张大平调研银川河东机场海关，实地查看综合保税区综合监管查验中心建设情况，调研银大门跨境O2O体验店海关监管工作，了解方舱实验室运行等情况，并对银川河东机场海关近期在出口查验中查获违规夹藏夹带的情事给予肯定。

▲19—22日 银川海关保障2021年第五届中国-阿拉伯国家博览会在宁夏银川顺利举办。本届展会积极推进线上线下融合发展，首次引入跨境电商新业态，银川海关发挥专业优势，完成跨境电商系统联调联试，规范业务运行模式，在银川综合保税区设立的跨境电商O2O线下体验店实行“网购保税+线下自提”，在中国-阿拉伯国家博览会现场设立的跨境电商新零售展区实行“网购保税+即时配送”。实施快速验放，先后完成从郑州、南沙综合保税区入区参展的跨境电商货物3.3万余件，货值253万元。

▲20日 银川海关巡视整改工作第一次推进会议召开，党委书记、关长刘世远对进一步推进巡视整改工作提出要求。

缉私局局长颜宏伟主持召开第二批教育整顿动员部署会。

▲27日 党委书记、关长刘世远专题宣讲习近平总书记“七一”重要讲话精神，从充分认识习近平总书记“七一”重要讲话的重大意义、深刻把握习近平总书记“七一”重要讲话提出的一系列新思想新观点新要求、紧密结合海关工作实际贯彻落实好习近平总书记“七一”重要讲话精神等三个方面进行了深刻阐释和系统讲解，并对关区深入学习贯彻习近平总书记“七一”重要讲话精神提出具体要求。

▲30日 副关长张大平组织召开应对鼠疫疫情专题工作会议。

9月

▲3日 自治区党委保密办主任、保密局局长雍平祥为银川海关各级领导干部进行保密专题授课辅导。

▲6日 银川海关召开加强事业单位全面从严治党工作推进会议。关长刘世远、副关长常林、党委纪检组长杨海出席会议，要求各事业单位要提高规范化管理水平，有效防范廉政风险，推动全面从严治党向纵深发展。

▲7日 政治部主任杨向宇主持召开党建工作专题交流研讨会，围绕“九大变化，四个亮点”对《党政领导干部选拔任用工作条例》进行了重点解读。

副关长祁云海在《中国国门时报》刊登的理论文章《以高标准机关党支部建设推动海关党建高质量发展》获评中国海关传媒中心第三届国门传播奖“评论与理论类”三等奖。

▲8日 副关长祁云海对兴庆海关巡视整改工作进行督导检查。听取兴庆海关业务二科全面从严治党、党史学习教育、“现场监管与外勤执法权力寻租”专项整治以及业务工作情况汇报，讲授深入学习贯彻习近平总书记“七一”重要讲话精神专题党课。

天津特派办巡视检查组赴石嘴山海关开展巡视整改督查工作。

▲9日 副关长张大平参加自治区2021年医疗卫生行业综合监管联席会议。

银川海关缉私局参加公安部在宁垂管单位第二批教育整顿工作汇报会。全国政法队伍教育整顿中央第四督导组组长支树平听取缉私局局长颜宏伟的汇报后，肯定缉私局在第二批教育整顿中的工作。

▲10日 银川海关党委召开巡视整改专题民主生活会。

▲15日 关长刘世远赴中宁县开展调研，前往对口帮扶村中宁县徐套乡原套村调研实施乡村振兴工作情况，了解技术中心中宁实验室支持地方枸杞特色产业发展情况，并征求中宁县委对海关工作的意见建议。

▲16日 关长刘世远赴中卫海关进行调研，并前往宁夏相关公司实地了解企业进出口业务发展情况。

▲16—17日 副关长常林到石嘴山海关、石嘴山保税物流中心（B型）调研，并检查指导外来有害生物监测点工作。

▲17日 副关长祁云海主持召开关区新冠肺炎疫情内部防控工作视频会，就采取“四不两直”方式对关区内部防控措施落实检查发现问题提出整改要求，并对节日期间内部新冠肺炎疫情防控等工作进行安排部署。

银川海关召开第一届工会委员会会员代表大会，听取了上一届机关工会委员会工作报告，按照规定程序投票选举产生了银川海关第一届工会委员会和第一届经费审查委员会，李文当选工会主席，丁琳当选经费审查委员会主任。

▲23日 缉私局局长颜宏伟主持召开银川海关缉私局教育整顿政策解读暨廉政警示会，以《学党史 筑忠诚 担使命 扎实开展教育整顿》为题讲授专题党课。

▲24日 关长刘世远主持召开关务

会，审议通过《银川海关采购管理实施细则（试行）》。

▲26 日 党委纪检组长杨海调研兴庆海关。对兴庆海关党委全面从严治党、总署巡视反馈问题整改、新冠肺炎疫情防控及“现场监管与外勤执法权力寻租”专项整治整改等工作开展调研和督促检查。向兴庆海关党委班子成员开展节前廉政提醒谈话，与科级领导干部及部分关员代表座谈，听取意见建议。

▲26—27 日 银川海关技术中心国家葡萄及葡萄酒检测重点实验室研究团队受邀参加贺兰山东麓葡萄酒国际学术会议，作主题为“葡萄酒国内外法规要求及葡萄酒检测质量控制关键技术研究”的专题报告。

▲28 日 党委书记、关长刘世远参加区直机关“让党中央放心、让人民群众满意”模范机关创建观摩推进会并作交流发言。银川海关作为中央驻宁单位唯一代表作现场交流发言。

▲29 日 关长刘世远主持召开银川海关巡视整改工作第二次推进会议。

副关长张大平主持召开银川海关 2021 年风险管理委员会暨风险管理业务协同领导小组会议。

银川海关完成宁夏首个跨境电商出口海外仓企业备案，标志着宁夏跨境电商 B2B 出口业务发展取得实质性进展。

▲31 日 银川海关所属兴庆海关业务一科获评第 20 届“全国青年文明号”称号。

10 月

▲8 日 银川海关举行升国旗仪式。各隶属海关分别在驻地同步举行升国旗仪式。

▲8—9 日 政治部主任杨向宇赴中卫海关开展调研，了解干部职工工作、学习、生活情况，并就党的建设、干部队伍建设等工作进行座谈交流。

▲9 日 政治部主任杨向宇调研银川海关对口帮扶村中宁县徐套乡原套村扶贫工作。

▲10—11 日 党委书记、关长刘世远参加中共宁夏回族自治区第十二届委员会第十三次全体会议。

▲13 日 银川海关学会召开“海关在总体国家安全观中的历史使命与责任担当”专题论文评审会，会长刘江主持会议。本次论文评选共收到 36 篇论文，评选出一、二、三等奖，促进群众性理论研究工作取得新的成效。

▲14 日 银川海关发布公告在银川综合保税区内全面复制推广“跨境电子商务零售进口退货中心仓模式”。

▲15 日 银川海关同宝湖社区党委召开党建联席会议，落实“双报到、双报告”参与社区治理，共同签订结对共建协议书，初步制订资源清单、治理需求清单、服务项目清单，确定每月开展结对共建活动，真正实现与结对共建社区的组织

共建、活动共联、资源共享。

▲18 日　银川海关迅速应对切实做好属地突发新冠肺炎疫情处置工作。一是紧急排查、精准处置。二是严格管理，科学防控。三是严实责任，强化监督。

▲22 日　副署长胡伟对银川海关做好当前新冠肺炎疫情防控工作给予关心指导，通过电话听取关长刘世远关于关区新冠肺炎疫情防控相关工作汇报，对银川海关做好当前新冠肺炎疫情防控工作提出要求：一是要把做好此次疫情防控工作作为当前重要任务，在自治区党委政府的统一部署下，按照属地联防联控指挥部要求，全力以赴攻坚克难，坚决打赢此次疫情防控“攻坚战”；二是要严防干部职工被感染，面对当前新冠肺炎疫情突发的严峻形势，关区新冠肺炎疫情内部防控和一线工作人员安全防护的措施要更严格、标准要更高，保健中心要在服从自治区指挥部统一调配的同时，尤为要做好工作人员个人安全防护，绝对不能发生在工作岗位上被感染的情况，确保关区干部职工健康安全；三是要保持队伍稳定，对被隔离干部职工做好人文关怀和心理疏导，及时帮助解决生活困难，坚定信心、健康归队。当日下午，关长刘世远主持召开银川海关统筹口岸新冠肺炎疫情防控和促进外贸稳增长工作指挥部会议，传达副署长胡伟指示要求，并根据自治区疫情形势和防控要求，对关区新冠肺炎疫情防控工作作出进一步安排。

11月

▲1 日　副关长张大平参加总署监控指挥中心新冠肺炎疫情防控专项视频连线会商并检查二级监控指挥中心工作。

▲2 日　银川海关所属石嘴山海关保障宁夏首次出口猴头菇柠檬抹茶。该批货物货值 1, 809 美元，由天津口岸输往澳大利亚悉尼。

▲3—7 日　关长刘世远、政治部主任杨向宇、缉私局局长颜宏伟、副关长祁云海、党委纪检组长杨海分别看望银川海关下沉社区志愿服务干部职工，充分肯定了大家不怕苦、勇担当的奉献精神。

▲9 日　关长刘世远在银川海关分会场参加全国海关稽查改革推进工作会议。

▲12 日　银川海关迅速学习贯彻十九届六中全会精神，并就学习贯彻全会精神作出安排，激发干部职工奋斗精神，谋划和推动关区事业高质量发展，以优异成绩迎接党的二十大胜利召开。

▲17 日　关长刘世远主持召开银川海关巡视整改工作第三次推进会议。

▲19 日　关长刘世远主持召开银川海关内控工作领导小组（扩大）会议，安排部署 2021 年度关区内控评价工作。

▲24 日　党委纪检组长杨海调研指导基层联系科室机场海关旅检三科和联系支部机场海关综合科党支部，开展廉政提醒谈话，宣讲党的十九届六中全会精神。

银川海关党委决定授予办公室党支部为银川海关基层党建示范品牌支部，授予银川河东机场海关旅检科党支部、兴庆海关业务一科党支部、财务处党支部、督审处党支部、综二处党支部为银川海关基层党建培育品牌支部。

▲25 日　银川海关党委理论学习中心组围绕学习贯彻党的十九届六中全会精神开展专题研讨。

银川海关党委 2021 年第二轮巡察工作动员部署会召开。

▲29 日　银川海关举办党的十九届六中全会精神专题宣讲班，邀请自治区宣讲团成员、宁夏大学马克思主义学院院长范映渊教授，为关区全体关警员作题为“实现中华民族伟大复兴的行动指南”专题辅导报告。

12 月

▲1 日　银川海关党委成立银川海关党委人才工作领导小组。

副关长张大平前往银川河东机场海关检查指导“世界艾滋病日”主题宣传活动，随后到银川河东机场海关监管科和快件科调研指导基层联系点党建和业务工作。

▲2 日　银川海关举办党的十九届六中全会宣讲会暨专题学习班小结会，党委书记、关长刘世远同志开展专题宣讲并做小结，5 名处级领导干部围绕学习党的十九届六中全会精神开展分享交流。

副关长、保密委员会主任祁云海主持召开银川海关保密委员会会议，学习贯彻落实习近平总书记重要批示精神，开展警示教育，并部署有关工作。

▲8 日　关长刘世远、副关长祁云海走访财政部宁夏监管局，感谢财政部宁夏监管局长期以来对银川海关工作的支持与指导。关长刘世远介绍了银川海关落实中央“过紧日子”要求、建立健全厉行节约长效机制及新冠肺炎疫情防控经费保障等工作情况，就全面从严治党、财务预决算执行、规范化管理、财政保障海关执法经费、队伍建设等工作交换了意见。

副关长张大平组织召开 2021 年度综合治税领导小组工作会议。

副关长张大平主持召开 2021 年度银川海关跨境电商领导小组工作会议。

党委纪检组长杨海、二级巡视员刘江赴银川海关定点帮扶村调研指导驻村帮扶工作，对中宁县徐套乡原套村种养殖业、扶贫项目规划考虑、驻村队员日常生活设施投入等情况进行详细了解，同村委会班子成员进行了座谈。

▲9 日　银川市金凤区副区长余磊代表金凤区党委政府向银川海关赠送锦旗，感谢银川海关对金凤区疫情防控工作的鼎力支持，向银川海关下沉社区的志愿者表示慰问。

▲10 日　银川海关举行集体宪法宣誓

仪式。党委书记、关长刘世远监誓，党委委员、政治部主任杨向宇主持，关区 2020 年以来新任职领导干部和新入职关员共 34 人参加宣誓。

副关长张大平在银川海关分会场参加全国海关智能审图工作现场视频会。

▲13 日　国务院关税税则委员会《关于 2022 年关税调整方案的通知》中，银川海关报送的调降风力发电设备零件和酿酒用橡木桶关税税率的建议均被采纳。其中，风力发电机组用高速联轴器进口税率由 8%降至 4%，酿酒用橡木桶进口税率由 12%降至 5%，税率降幅均超过 50%。

▲14 日　关长刘世远会见自治区政协副主席王紫云，双方就企业通关等事宜进行了交流。

党委书记、关长刘世远听取银川河东机场海关党委工作汇报，调研指导执法一线科室联系点旅检一科工作，参加旅检一科党支部主题党日活动并宣讲党的十九届六中全会精神。

▲14—16 日　政治部主任杨向宇赴兴庆海关开展调研，查看报关大厅，参加基层党支部联系点兴庆海关业务一科党支部党日活动，并宣讲党的十九届六中全会精神。

▲16 日　关长刘世远赴综合保税区跨境电商 O2O 体验店调研指导工作，综合保税区管委会负责人详细介绍综合保税区内跨境电商相关情况。

关长刘世远赴银川河东机场海关召开执法一线科长暨青年干部座谈会。

副关长祁云海赴基层党支部联系点石嘴山海关办公室综合科党支部开展调研。

▲17 日　关长刘世远组织召开银川海关法治建设领导小组会议。会议审议通过了《银川海关“十四五”法治建设规划》《银川海关第八个五年（2021—2025 年）时期法治宣传教育工作实施方案》，听取法治建设领导小组办公室对关区 2021 年法治建设工作的总结汇报，研究部署下一年度法治建设工作。

关长刘世远组织召开银川海关网信领导小组会议。会议听取网信领导小组办公室关于关区 2021 年网络安全和信息化工作汇报，相关责任人签订了《银川海关领导干部网络安全工作责任书》，研究部署下一年度网信工作。

党委纪检组长杨海主持召开银川海关纪检机构与相关部门联席会议。

▲21 日　自治区现代枸杞产业高质量发展包抓工作机制将“欧盟对中国枸杞实施的加严检验措施正式解除”列为“取得重大突破的工作”并予以通报表彰。

▲22 日　关长刘世远、副关长张大平在银川海关分会场参加全国海关疫情防控工作视频会议并对相关工作迅速安排部署。

政治部主任杨向宇赴基层联系科室机场海关旅检二科宣讲党的十九届六中全会

精神并调研指导工作。

副关长祁云海在南宁参加全国海关“三智”国际合作工作会议并作研讨交流发言。

▲23日 政治部主任杨向宇赴银川河东机场海关开展《公务员职务与职级并行规定》政策解读。

▲24日 政治部主任杨向宇主持召开银川海关2021年执法一线科长座谈会。

▲25日 关长刘世远陪同自治区党委常委、银川市委书记张雨浦调研银川国际公铁物流港。

▲27日 副关长张大平在银川海关分会场参加总署打击跨境电商进口走私“断链刨根”专项整治行动总结会。

▲29日 银川海关举办公文处理技能竞赛，决出了集体奖项、个人优胜奖，并评选出了5名“技能标兵”。副关长祁云海出席本次竞赛，为获奖的集体和技能标兵颁发证书，并作点评讲话。

▲30日 副关长祁云海与自治区12345便民服务中心主任共同为宁夏12345政务服务便民热线银川海关分中心揭牌。当日起，12360热线正式与宁夏12345热线电话建立转接机制，以“分中心”形式与宁夏12345热线归并运行，企业或公众可随时拨打12360或12345热线进行海关业务咨询和投诉建议等，进一步拓宽了银川海关与社会各界的咨询互动渠道。

▲31日 银川海关党委班子成员，总工程师、各单位各部门主要负责人及党员代表在银川海关分会场参加全国海关党史学习教育总结会议。

第八篇

人物荣誉

2021 年度获评宁夏回族自治区先进名录

卜军亮　获评 2021 年宁夏回族自治区脱贫攻坚先进个人

郝若阳　获评宁夏回族自治区“七五”普法先进个人

沈永建　获评宁夏回族自治区直属机关优秀党务工作者

赵　燕　获评宁夏回族自治区 2021 年度优秀信息员

银川海关办公室党支部　获评宁夏回族自治区直属机关先进基层党组织

银川海关　获评宁夏回族自治区无烟党政机关

银川海关　获评宁夏回族自治区直属机关“让党中央放心、让人民群众满意”模范机关达标单位

2021 年度获评总署先进名录

张爱琛　获评总署 2021 年度“百名优秀执法一线科长”

马龙获　获评全国海关机要保密工作先进工作者

总署政治部通报表扬的工作表现突出的集体和个人：

宁夏国际旅行卫生保健中心（银川海关口岸门诊部），白子华